Tu attends quoi pour être

Heureuse ?

Anne Chantale Biollay

Tu attends quoi pour être

Heureuse ?

Découvre comment
*transformer ta vie et incarner
l'heureusité.*

Couverture : Lise Tuillier

Illustrations intérieures : Images libres de droit CANVA

© 2024 Anne Chantale Biollay

Édition : BoD · Books on Demand, 31 avenue Saint-Rémy, 57600 Forbach, bod@bod.fr

Impression : Libri Plureos GmbH, Friedensallee 273, 22763 Hamburg (Allemagne)

ISBN : 978-2-3224-7892-7

Dépôt légal : Décembre 2024

Préface

Anne Chantale est peut-être une extra terrestre, mais avant tout une terrestre extra.

Avec beaucoup de pertinence, de joie et de douceur mais aussi d'inspiration, elle a su écouter, mettre en forme et appliquer des trésors qui apprivoisent le corps et permettent à nos âmes d'y retrouver demeure.

J'ai eu la chance d'accompagner il y a quelques temps Anne Chantale et j'ai été cueilli par sa capacité à intégrer profondément et surtout à switcher rapidement. Là où certaines personnes intègrent durant des mois, elle a cette capacité d'être immédiatement axée résolution.

Avec beaucoup d'humilité, elle cultive cet art de plonger en profondeur au cœur de ce qui se trame en elle et de mettre en forme dans la matière les résultantes. C'est ainsi que je l'ai vu s'alchimiser elle-même, clarifier avec justesse et précision tout ce qui avait pu la traverser avec toujours le même enthousiasme chevillé au corps pour ne pas dire au cœur.

J'ai toute confiance dans sa capacité à œuvrer auprès du plus grand nombre de femmes appelées à guérir et reprendre leur pouvoir, sans se noyer dans un océan de méthodes lourdes et complexes car avec Anne Chantale, tout est simple, ludique, joyeux et donc accessible.

Le moment est venu pour elle de partager au plus grand nombre tout ce qui lui a permis de vivre l'alchimie dans sa vie. Elle a su dans cet ouvrage compiler des trésors de magie dont je vous souhaite de vous saisir, car ils pourraient bien révolutionner votre Vie.

Gilles Delieuze
Auteur, Enseignant et Mentor

Introduction

Bienvenue dans mon monde...

Je m'appelle Anne Chantale. Bien que ma carte d'identité soit suisse, je suis citoyenne de l'uni-vers. Lieu de Domicile : mon corps, âgé de 48 ans à ce jour. Quant à l'habitante de celui-ci, c'est difficile à dire, les papiers d'identité ont été malheureusement égarés depuis quelques siècles.

J'enseigne aux femmes à devenir les gardiennes de leur heureusité, à prendre soin d'elles-mêmes pour s'épanouir pleinement et vivre heureuses.

Je suis également la créatrice de l'outil que je te présente dans ce livre : l'alchimisation. Cette méthode est le fruit de 28 ans de travail intérieur et d'exploration de mon propre monde émotionnel et spirituel. En cherchant à m'aimer pleinement, à accepter mon corps et à m'accomplir, j'ai créé une variété d'outils et de pratiques de "gai-rison" joyeuse, initialement pour moi-même.

L'alchimisation est certainement ma pratique préférée car elle est simple et puissante. Aujourd'hui, je suis enthousiaste à l'idée de partager avec toi cette méthode unique tout en t'accompagnant sur ton chemin de l'heureusité.

Grâce à cette pratique innovante, je me suis réconciliée avec mes émotions, avec mon corps et avec moi-m'aime, créant unité et joie intérieure.

Je tiens à préciser...

J'ai choisi d'écrire ce manuel en utilisant le féminin et le tutoiement pour une raison simple : J'accompagne principalement des femmes.

Si tu es un homme, je tiens à te rassurer : tu es le bienvenu dans ce voyage d'exploration intérieure. Mon objectif est de créer un espace où chacun se sente représenté et accueilli, peu importe son genre ou son parcours.

Puisses-tu trouver ici les outils et l'inspiration nécessaires pour cheminer vers la découverte de soi.

Encore un point super important...

Et j'aurais peut-être dû débuter par ça ! J'adore les licornes... Si je pouvais ajouter un genre sur ma carte d'identité, ce serait **LICORNE**.

Il est évident qu'elles feront leur apparition au fil des pages et des chapitres. Je ne pouvais pas imaginer ce livre sans elles... ou devrais-je dire sans cette partie de moi-même que j'assume pleinement.

Je suis certaine qu'elles sauront t'apporter une touche de magie et de légèreté tout au long de ta lecture et de tes apprentissages. Leur présence va te rappeler que, même dans les moments les plus sérieux et difficiles, il est essentiel de laisser place à l'émerveillement et à la joie.

Prépare-toi à découvrir comment cette part enchantée de moi-même se mêle à la méthode de l'alchimisation pour illuminer ton chemin vers le bonheur et l'épanouissement.

Comment tout a débuté ?

En 2016, je me suis retrouvée submergée par un océan d'émotions. Je traversais un profond chamboulement intérieur et extérieur sans vraiment comprendre ce qui m'arrivait. J'avais tout perdu et je me sentais mourir, ne sachant pas comment j'allais pouvoir survivre. Cette période de ma vie était rythmée par le stress, l'anxiété, une pseudo dépression non reconnue, et des insomnies. Je vivais un chaos quotidien. Je tenais le coup sans vraiment savoir comment.

Je venais de me faire larguer et les injustices ainsi que les méchancetés s'accumulaient les unes après les autres. J'étais détruite. Je n'avais plus rien à quoi me raccrocher et devais faire le deuil de mon ex, de mes animaux, de ma vie, tout en encaissant des attaques personnelles et deux plaintes pénales. J'avais l'impression de vivre dans un film et je me demandais constamment où la caméra avait été cachée.

Il m'arrivait souvent d'implorer l'univers de me donner une « pastille pour dormir » et de me réveiller une fois que tout serait réglé. J'avais besoin de dormir, ou plutôt de sortir de ce cauchemar qu'était devenue ma vie.

Sans argent et sans perspective professionnelle, je ne pouvais pas courir les thérapeutes.

Il me restait donc 2 choses à faire :

- ♥ Traverser ce chaos
- ♥ Faire confiance à la vie

Quand j'y repense, je me dis que je suis née avec le programme **CONFIANCE** inscrit dans mon ADN, car j'ai répété cette phrase des milliers de fois : **"Je fais confiance à la vie !".** Je m'attachais à cette vérité qui était la seule chose à quoi je pouvais encore m'accrocher.

Un beau jour, en écoutant par hasard une conférence sur YouTube qui parlait des Maîtres dauphins et de leurs accompagnements vibratoires, une phrase prononcée par le conférencier a explosé en moi :

"La joie est ton émotion naturelle."

Gilles Delieuze

Ce jour-là, cette révélation m'a frappée comme si un éclair venait de me traverser des pieds à la tête.

Ces mots ont résonné telle une évidence en moi, car même dans un état de léthargie et de dépression, j'ai toujours ressenti au plus profond de moi une minuscule étincelle, une lueur... Bien que presque insignifiante, elle était là, présente en moi, comme un rappel que j'étais encore en vie ! J'ai du mal à l'expliquer avec des mots, car c'est une sensation qui se vit plus qu'elle ne s'explique, mais elle était vibrante et tangible, même dans ma plus sombre obscurité.

"Nous ne devons pas avoir peur de nous confronter du chaos naissent les étoiles."

Charlie Chaplin

Mais revenons à la joie...

Cette joie à laquelle j'aspirais tant au milieu de mon chaos, il me fallait la trouver, la vivre, la ressentir. Les

mots de Gilles résonnaient dans ma tête en boucle :
"La joie est ton émotion naturelle."

Ces mots agissaient comme une étoile, me montrant le chemin pour sortir de mes enfers. Cette phrase portait en elle l'espoir que le paradis sur terre existait bel et bien. Une nouvelle voie s'ouvrait à moi. Il devenait impératif d'embrasser cette fameuse étincelle nichée au fond de mon ventre, car peut-être était-ce elle, la joie... Je ressentais le besoin de la nourrir, de la voir grandir, et de faire d'elle ma vie, mon quotidien.

C'est ainsi que tout a débuté et que l'alchimisation est née...

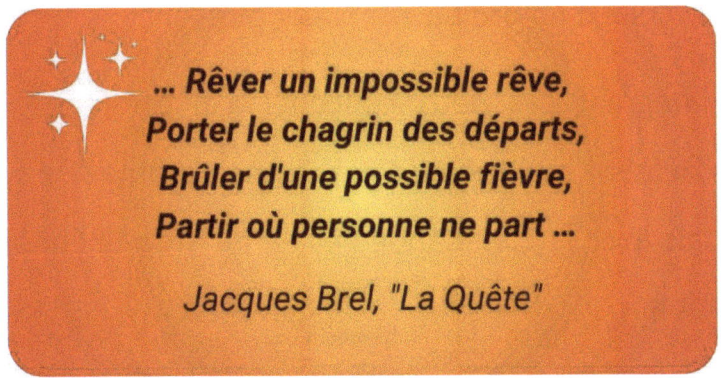

... *Rêver un impossible rêve,*
Porter le chagrin des départs,
Brûler d'une possible fièvre,
Partir où personne ne part ...

Jacques Brel, "La Quête"

Mes premiers pas...

Cela faisait déjà plusieurs années que j'entreprenais un travail intérieur et que je voyageais sur les chemins de la découverte de mon vrai moi. J'avais acquis diverses pratiques spirituelles, ainsi qu'une certaine compréhension de moi-même et du fonctionnement humain.

Les deux concepts qui me semblaient les plus accessibles, compte tenu de l'état émotionnel, physique et énergétique dans lequel je me trouvais, étaient :

- ♥ Le pouvoir créateur du verbe
- ♥ Notre fonctionnement interne est comparable à celui d'un ordinateur super puissant

En intégrant ces deux concepts, j'ai commencé à m'adresser à moi-même à voix haute, comme si je dialoguais avec la commande vocale de mon téléphone portable.

Allongée sur mon lit, je demandais à cette petite étincelle, cette paillette en moi, de grandir, de s'éclairer.

Je laissais mon intuition guider mes paroles dans cet échange singulier, sans vraiment comprendre ce que je faisais. Je sentais que je devais le faire, que **je devais passer à l'action pour que les choses changent** enfin pour moi. Je me devais de devenir la gardienne de cette paillette.

Ma prise de conscience...

Cette Paillette nichée dans mes profondeurs était la preuve que mon être tout entier n'était pas totalement envahi par la tristesse, la dépression ou l'apathie.

Une part de moi ressentait de la joie...

Il me fallait donc amener toutes les autres parties de moi à se laisser contaminer par cette joie. Mon objectif était de créer une véritable pandémie intérieure. J'avais une soif insatiable de joie et de paix, et je ne supportais plus la souffrance. C'est ainsi que j'ai commencé à inviter toutes les parties de moi en souffrance à plonger dans cette paillette intérieure.

Cela pouvait sembler enfantin, et pourtant...
Comme si je parlais à SIRI, couchée sur mon lit dans une profonde léthargie, je me parlais à haute voix et me répétais :

« **Je demande à toutes les parties en souffrance de rejoindre notre paillette de joie.** »

Je passais des heures à le faire, encore et encore...
De toute façon qu'aurais-je pu faire d'autre ?
Même si au début les résultats étaient infimes, je savais qu'il me fallait trouver le moyen de faire grandir cette joie en moi.

Avec le temps et beaucoup de pratique, cette petite étincelle, qui semblait presque insignifiante au début, a grandi. Je découvrais peu à peu une paix intérieure, un sentiment de stabilité. La joie apparaissait par moment, pour disparaître à nouveau, laissant des brumes reprendre le dessus... Mais sur l'instant ce n'était pas grave car je savais que cette joie à laquelle j'aspirais tant allait émerger à nouveau si je continuais mon alchimisation.

Au fil des jours...

Ma vie commençait à se transformer progressivement. Ce qui autrefois me paraissait lourd et chaotique devenait de plus en plus léger. J'observais des solutions émerger là où, avant, il n'y avait que confusion. Des portes s'ouvraient là où je ne voyais que des murs. Cette transformation n'était pas radicale, ni immédiate, mais chaque petit pas faisait une différence. Une brume se levait, doucement, pour laisser entrer une lumière plus stable.

Mais tout cela, tu le découvriras au fil de ta lecture. Ce voyage, je l'ai vécu. Il est possible, il est réel, et je te l'offre maintenant pour que toi aussi, tu puisses faire grandir ta propre paillette intérieure de joie. Ensemble nous allons cheminer vers l'heureusité.

Cherche ta paillette de joie... Et si tu ne la trouves pas pour l'instant, nourris-la jusqu'à ce qu'elle illumine ton être !

Tu y as droit, elle existe en toi ! Peut-être qu'elle est en mode veille, mais elle ne demande qu'à s'enflammer...

Heureusité Kesako ?

Ce terme, que tu ne trouveras pas dans les diction-naires, désigne pour moi l'art d'incarner pleinement la joie.

L'heureusité n'est pas un simple état d'esprit ou un concept abstrait ; c'est une réalité vivante et vibrante qui se manifeste à travers tes cellules, à travers ton corps et qui trouve sa source au cœur de ta moelle osseuse pour la dimension physique mais aussi au cœur de ton âme pour le plan plus spirituel. Le secret étant de mettre tout ce petit monde ensemble.

La véritable joie, contrairement à ce que l'on pourrait croire, n'est pas une simple émotion fugace ou un état mental que l'on peut facilement atteindre en se concentrant sur des pensées positives. Non, la joie se vit dans le corps et dans toutes tes dimensions. C'est une énergie qui circule en toi, qui s'enracine dans ton être le plus profond. Ton mental peut imaginer ce que c'est que d'être heureuse, mais le vrai bonheur, lui, se ressent et se vit pleinement.

Le corps est à la fois l'émetteur et le réceptacle de cette joie naturelle. C'est à travers lui que tu peux incarner et rayonner l'heureusité. C'est un état, une fréquence qui se développe en toi et qui se nourrit de ton alignement intérieur : corps, âme, esprit. **La joie authentique**, celle qui te fait vibrer profondément, **provient de ton propre écosystème**. À l'inverse, **la joie émotionnelle se nourrit des éléments extérieurs :** un cadeau, une bonne nouvelle, un succès. Cette joie-là monte rapidement, mais redescend tout aussi vite. En revanche, la joie véritable, celle qui émerge de ton être, ne s'éteint pas, peu importe les émotions que tu traverses. Tu peux vivre une situation triste tout en ressentant cette joie intérieure. C'est une sensation qui peut paraître déconcertante au début.

Je me souviens la première fois que j'ai vraiment ressenti ce contraste, c'était extrêmement troublant pour moi. Nous sommes tellement conditionnés à croire que la joie est liée aux circonstances extérieures que découvrir cette joie constante, indépendante, peut être déstabilisant. Cela m'est arrivé durant le COVID, au décès de ma grand-maman. Bien sûr, j'étais profondément triste, je traversais un deuil, une séparation et des bouleversements familiaux. Mais en même temps, une heureusité douce et apaisante continuait de résonner en moi, tel un sourire. Je vivais ces deux états simultanément.

À ce moment-là, je ressentais une certaine culpabilité de cette sensation. J'étais même soulagée de devoir porter un masque sanitaire à l'enterrement, par peur que ma famille et les autres personnes présentes perçoivent cette joie et paix intérieure.

Dans notre société, le deuil est synonyme de souffrance et de manque, et oser dire que, malgré cette tristesse, je ressentais un sourire paisible en moi, semblait presque déplacé.

Et pourtant, c'est là tout le pouvoir de la vraie joie : elle coexiste avec les autres émotions, et elle te rappelle, même dans les moments difficiles, que tu peux être à la fois triste et en paix, en deuil et en vie.

Il se peut que jusqu'ici, tu aies cru que le bonheur résidait dans la réussite professionnelle, un porte-monnaie bien rempli, la construction d'une famille aimante, ou encore dans des voyages à travers le monde. Et bien que ces aspects puissent effectivement apporter de la satisfaction, ils ne sont qu'une partie de l'équation. Le véritable bonheur, lui, ne dépend pas des circonstances extérieures. Il se trouve en toi, dans qui tu es vraiment. C'est ce qui te fait vibrer, te sentir pleinement vivante, et alignée avec ton être authentique.

Le véritable bonheur, c'est cette reconnexion à ton sourire intérieur, une joie douce et apaisante qui ne cherche pas à être euphorisante ou exubérante. Contrairement à une joie éphémère, souvent provoquée par des événements extérieurs, cette joie-là est sub-tile, mais profonde. Elle ne dépend ni des succès, ni des possessions, ni même des autres. Elle réside dans un état d'être paisible, dans l'acceptation de toi-même et dans l'harmonie entre ton corps, ton esprit et ton âme.

Mais comment accéder à cette forme de bonheur qui ne s'effrite pas au moindre obstacle ? C'est là que le véritable travail commence.

Pour vivre cette heureusité durable, il te faut explorer ton monde intérieur, accepter de te recentrer et de créer un écosystème en toi où la joie peut s'épanouir naturellement.

Mon écosystème à moi... ben c'est les paillettes!

Recommandations

À partir de maintenant, je te recommande vivement de tenir un cahier de bord tout au long de ta lecture. C'est une première action concrète que tu poses pour devenir la gardienne de ton bonheur. Une personne avisée m'a dit un jour :

"Un petit crayon vaut mieux qu'une grande mémoire."

Ce cahier sera ton espace personnel, un lieu où consigner tes questionnements, tes prises de conscience, tes émotions, et les actions que tu entreprends pour te reconnecter à toi-même. Chaque mot écrit sera une manière de t'engager un peu plus dans ce cheminement et de prendre la responsabilité de ton heureusité.

Prends l'habitude de revenir régulièrement sur tes notes. Elles seront ta boussole, te permettant de mesurer tes progrès et de rectifier ta route si nécessaire. Être la gardienne de ton bonheur, c'est poser chaque jour des actions, aussi petites soient-elles, pour nourrir ta joie intérieure et transformer ton écosystème personnel. Ce cahier est un premier pas vers cela, un début d'action qui ancre ta transformation dans le réel.

Un cadeau pour célébrer ton cheminement

Si tu m'envoies une photo de toi avec ton cahier de bord, je serais ravie de t'offrir une petite surprise pour t'accompagner dans ton cheminement personnel vers l'heureusité.

Tu peux partager cette photo via la messagerie Facebook ou Instagram Je te réserve un cadeau qui te soutiendra sur ce magnifique voyage intérieur !

Mon compte Instagram
@tuvasetreheureuse

Mon compte FB
Anne Chantale Biollay

Le vrai Pourquoi

Avant d'aller plus loin, j'ai besoin de te confier quelque chose à mon sujet. Je me suis engagée à me dévoiler pleinement à travers ce livre. Si je partage ceci avec toi, c'est aussi parce que j'aimerais t'embarquer avec moi dans une réflexion, et pour cela, il faut que je t'avoue quelque chose : je n'aime pas lire ! Ou plutôt, je dirais que **je déteste lire.** En revanche, j'adore écrire et créer... Mais lire un livre du début à la fin ? Je n'y arrive pas ! Je préfère explorer les chapitres à ma manière, sans forcément suivre un ordre linéaire, l'ouvrir au hasard et prendre ce qui m'apparaît là dans l'instant. Je pense que mon aversion pour la lecture vient du fait que je n'avais pas encore découvert le véritable moteur de ma curiosité et de mon engagement. Je ne me posais pas la question cruciale :

« Pourquoi suis-je en train de lire ce livre ? »

Cette question aurait pu transformer ma manière d'aborder la lecture et me permettre d'en tirer du sens. C'est précisément pour cette raison que je souhaite te

la poser car aujourd'hui j'ai bien compris que connaître son pourquoi est essentiel pour avancer et découvrir des réponses qui résonnent profondément
avec soi.

Mon espoir est que cette réflexion te guide dans ta
propre quête et te permette de trouver une motivation
authentique à explorer l'alchimisation et l'heureusité.
Je te pose donc la question :

Pourquoi lis-tu vraiment ce livre ?

Pour t'aider à y réfléchir, je t'ai listé une série de raisons possibles… Il peut y en avoir d'autres, à toi de les
identifier :

- ♥ Par curiosité personnelle
- ♥ Pour me connaître davantage
- ♥ Pour trouver des réponses
- ♥ Pour trouver des solutions
- ♥ Pour guérir des blessures
- ♥ Pour me reconnecter à moi-même

- ♥ Pour apprendre à être plus heureuse
- ♥ Pour explorer de nouvelles pratiques
- ♥ Pour un changement de perspective
- ♥ Pour m'inspirer à passer à l'action

Prends le temps qu'il te faut pour identifier ton pourquoi. Il n'y a aucune urgence à finir cette lecture. Ce qui est vraiment important, c'est que tu prennes un moment de pause et de réflexion pour faire ce premier pas vers toi-même.

Ce "pourquoi" est la clé qui te guidera à travers ce chemin de transformation. Alors, plutôt que de simplement lire ces lignes sans y prêter attention, je t'encourage à t'arrêter ici. Prends le temps qui t'est nécessaire et réfléchis à ce qui t'anime profondément.

Je ne dirais pas que lire ce livre sans cette introspection serait une perte de temps, mais cela t'empêcherait de saisir l'opportunité d'avancer réellement vers ton bonheur. Trouver ton **pourquoi** t'ouvrira les portes vers une exploration plus profonde et authentique de toi-même.

Ta motivation profonde...

Au-delà de la simple question de pourquoi tu lis ce livre, il est probable que tu cherches quelque chose de plus profond, quelque chose qui résonne véritablement avec ton être intérieur.

Quand je repense à mon expérience, je réalise que ma propre motivation était un besoin vital de retrouver ma joie et être heureuse. C'était presque une question de survie pour moi.

Ce besoin de joie m'a guidée à travers les épreuves, même lorsque tout semblait s'effondrer autour de moi.

Je suis convaincue que ce **pourquoi**, cette motivation ardente, tu dois la découvrir et la cultiver en toi. Car, si tu lis ce livre, même inconsciemment, c'est que tu recherches quelque chose.

Trouve ton pourquoi !

Fais-le pour toi ! Tu le mérites pleinement !

Alors maintenant je te pose cette même question que je me suis posée :

A quoi aspires-tu vraiment dans ta vie?

Prends le temps de vraiment te poser cette question et observe les émotions et pensées qu'elle fait surgir en toi.

Pour t'aider dans cette démarche, je te propose de débuter ta réponse par ces phrases simples :

- ♥ **Dans ma vie, j'aspire à être...**
- ♥ **Dans ma vie, j'aspire à me sentir...**

Prends ton cahier de bord et note ta réponse. Ce moment de réflexion est le début d'un cheminement profond qui te permettra d'aligner tes aspirations avec ton être véritable.

Du comment au pourquoi

Maintenant que tu as trouvé ta véritable aspiration, tu as identifié le moteur qui va te propulser vers l'action. Atteindre l'heureusité, cet état de bonheur profond, est à ta portée. Oui, cela demandera du temps, de la patience, et de la persévérance, mais si j'y suis arrivée, tu le peux aussi ! Ce chemin n'est pas linéaire : il y aura des hauts et des bas, et c'est normal. Ce qui compte, c'est de te souvenir que le bonheur véritable ne dépend pas des circonstances extérieures. Il naît de ton écosystème intérieur. Ton corps et ton âme sont les terrains où pousse la joie. Si celle-ci est bloquée ou inexistante, c'est souvent à cause de traumatismes, d'émotions non digérées, de mémoires diverses ou de croyances limitantes.

Ton rôle, désormais, est de devenir la gardienne de ton bonheur. C'est toi qui vas créer cet état d'heureusité, jour après jour. Un thérapeute peut te soutenir, mais c'est à toi de faire le travail quotidien.

Pour ma part, ces routines sont tellement ancrées en moi que je les intègre naturellement dans le cours de ma journée. Elles ne me prennent plus vraiment de temps. Cependant, comme tu es en phase d'apprentissage de l'alchimisation, je te conseille de **te réserver un moment dédié** pour bien assimiler le processus et apprendre à alchimiser efficacement.

Sache que j'alchimise encore presque tous les jours. C'est devenu un jeu, un mode de vie. Encore aujourd'hui, je découvre de nouvelles subtilités, comme l'alchimisation de la moelle osseuse ou de mes cellules affamées.

Expérimente, crée ta routine, et laisse l'alchimisation transformer ton intérieur. Avec le temps, tu te réveilleras avec ce sourire intérieur, sans raison extérieure, et tu te coucheras avec cette même paix, même après une journée pleine d'émotions.

Souviens-toi, c'est toi qui fais ce chemin. Ce livre est un guide, mais seule l'action te mènera à l'heureusité. Et bien que cela prenne du temps, chaque petit pas compte. Après quelques semaines, tu commenceras à voir la différence, et avec persévérance, tu découvriras une joie durable.

Comme le disait si bien Jim Rohn, avec qui j'ai eu le privilège de partager une fondue sur les hauts de Montreux en Suisse :

> *"La motivation est ce qui vous pousse à commencer.*
> *L'habitude est ce qui vous permet de continuer."*

Ses paroles résonnent profondément en moi, car elles capturent l'essence même de ce voyage. En développant des habitudes régulières d'alchimisation, tu transformeras non seulement ton quotidien, mais aussi ton état d'être, te rapprochant chaque jour un peu plus de l'heureusité.

Que m'a apporté l'alchimisation

Le temps est venu de rentrer dans le vif du sujet et de découvrir plus en détail cet outil merveilleux.

Après plusieurs années de pratique, je peux te dire sans l'ombre d'un doute que l'alchimisation a été l'un des plus beaux cadeaux que je me sois fait. Ce n'est ni une baguette magique, ni une solution instantanée, mais **une pratique authentique, puissante, et profondément transformatrice.** Elle permet de faire face à ce qui nous habite, de le transformer et de créer un espace intérieur où il fait bon vivre.

L'alchimisation est accessible à tous, et si tu te lances dans cette aventure, je suis convaincue que tu en retireras des bienfaits profonds et libérateurs. Elle n'est pas réservée à quelques initiés, mais à tous ceux et celles qui sont prêts à devenir les gardiens de leur propre bonheur, à se reconnecter à leur essence.

Voici ce que l'alchimisation m'a apporté :

♥ Stabilité intérieure

L'alchimisation m'a offert un équilibre émotionnel que je n'aurais jamais cru possible. Au lieu de fuir mes traumas et émotions ou de les gérer maladroitement, j'ai appris à les observer et les transformer. Cela m'a permis de rester centrée, même au milieu des tempêtes. Avant cela, je n'arrivais même pas à exprimer ma colère. Physiquement, c'était impossible pour moi. À la place, je me mettais à pleurer… ce qui était à la fois déstabilisant et, il faut bien le dire, un peu embarrassant. Je me souviens de moments cocasses où je devais expliquer que, oui, j'étais en colère malgré les larmes.

Petit à petit, une sensation de calme profond s'est installée en moi. C'est comme si, au lieu d'être emportée par les vagues émotionnelles, je ressentais en moi un espace de paix profonde qui me permet de rester stable et ne plus être malmenée par mes émotions. Toi aussi, tu pourras ressentir cette même stabilité intérieure.

♥ Un système nerveux régulé

En 2016, lorsque j'ai commencé à alchimiser, mon corps réagissait de manière excessive au moindre événement. Chaque situation devenait une source de stress ou d'angoisse. Mais, au fil de mes séances d'alchimisation, j'ai commencé à ressentir un apaisement profond. Mon système nerveux s'est régulé, et cet état de survie et d'alerte permanent s'est enfin apaisé. J'ai réussi à sortir de ce figement, cet état qui peut parfois donner l'impression d'être paresseuse ou de procrastiner, alors qu'en réalité, mon corps était simplement paralysé par la peur.

♥ Guérison des traumas

Les traumas d'enfance peuvent laisser des empreintes profondes et durables sur notre vie émotionnelle et psychologique. Ces expériences marquantes, souvent vécues dans un état de vulnérabilité, s'inscrivent dans notre mémoire et notre corps, influençant notre écosystème corporel et général.

Lorsque j'ai commencé mon voyage avec l'alchimisation, j'ai découvert à quel point les traumas non résolus de mon enfance continuaient à influencer ma vie. L'un des souvenirs les plus poignants concerne les moqueries que j'ai subies étant enfant. Je me souviens encore de ces moments où plusieurs garçons de mon âge se moquaient de moi, tiraient mes cheveux et lançaient des cailloux. Aujourd'hui, on appellerait cela du harcèlement scolaire, mais dans les années 1980, ce n'était pas pris en compte, ni même reconnu. Ces actes cruels, sous forme de jeux d'enfants, ont laissé des marques profondes, des empreintes invisibles mais puissantes, qui ont affecté ma confiance en moi et ma perception des autres. Au fil de mon processus d'alchimisation, ces émotions enfouies, liées à ces épisodes douloureux, ont refait surface. J'ai pu les reconnaître, les accueillir et les transformer.

♥ Recouvrement de consciences

Pour illustrer ce qu'est un recouvrement de conscience, permet-moi de partager une expérience personnelle qui pourrait t'aider à mieux comprendre.

Etant la seule fille de ma classe, quand j'étais petite, je jouais beaucoup avec les garçons. Un après-midi, alors que nous jouions au cow-boy et aux Indiens, les garçons m'ont attachée à un arbre. Ils sont partis s'amuser ailleurs, me laissant ainsi pendant une bonne partie de l'après-midi. Ce n'est que lorsque la maman de l'un d'eux m'a trouvée que j'ai été détachée.

Aujourd'hui, en repensant à cet événement, je ris joyeusement. Mais ça n'a pas toujours été le cas. Cet incident fait partie de mes traumas d'enfance, et par mécanisme de survie, je m'étais dissociée de cette partie de moi-même.

Tout au long de notre vie, nous perdons des bouts de nous-mêmes. Que ce soit à cause de traumatismes, de deuils, de chocs émotionnels, de déceptions, d'échecs, ou encore de pressions sociales, ces expériences laissent des traces profondes. Ce sont des mécanismes de survie totalement inconscients.

Les souvenirs de cet incident sont remontés à la surface naturellement, sans même que je cherche quoi que ce soit. En alchimisant mes émotions et le sentiment d'avoir été torturée, les images sont réapparues, et j'ai senti une part de moi se réintégrer. Le recouvrement de consciences est un processus subtil et profond. En alchimisant tes émotions, sentiments, blessures, tu as la possibilité de guérir ce qui est enfoui au plus profond de toi et de retrouver les fragments de toi-même que tu as perdus en chemin. Ce n'est pas un acte spectaculaire, mais une réintégration douce et puissante de soi-même, qui te permet de retrouver une plus grande cohérence et complétude dans ton être. C'est ainsi que l'alchimisation t'offre la possibilité de te reconnecter pleinement avec ton intégrité émotionnelle et spirituelle.

Il est aussi possible de faire du recouvrement d'âme en lien avec d'autres vie que celle-ci aurait vécu.

♥ Joie retrouvée

La joie véritable, celle qui ne dépend pas de ce qui se passe autour de toi, a commencé à couler naturellement en moi. Ce n'est pas une euphorie passagère, mais une joie profonde, stable. Une joie présente autant dans mon âme que dans mon corps, dans mes cellules, dans mes organes. Tu sais ce que j'aime le plus, c'est de ressentir de la joie dans mes doigts. Je ressens leur sourire à cet instant, en tapant sur mon clavier d'ordinateur. Je crois sincèrement que l'alchimisation va te permettre de goûter à cette même joie. Tout est question de temps et de persévérance.

♥ Ancrage naturel

Au fur et à mesure de ma pratique, j'ai commencé à ressentir un profond apaisement dans mon corps, comme si je glissais dans un vêtement douillet, réconfortant et familier. Moi qui passais tant de temps à chercher un refuge ailleurs — peut-être même dans d'autres dimensions — j'ai finalement trouvé ma maison ici, dans mon corps. C'est une sensation douce, enveloppante. Non seulement, j'habite ce corps, mais j'occupe pleinement chaque cellule, chaque organe, chaque os… Il est difficile de traduire en mots ce sentiment de présence authentique à soi-même.

Je ressens une connexion profonde, non seulement avec la Terre, mais avec l'univers tout entier — les étoiles, la vie qui m'entoure. Mais ce lien ne se trouve pas en dehors de moi, il est ancré au plus profond de mon être. Et cela ne nécessite aucune technique complexe. Aucun besoin de visualiser des racines sous mes pieds ou de forcer quoi que ce soit, le simple fait de créer un espace de joie en moi, fait que j'ai naturellement envie de l'habiter, de m'y enraciner. C'est fluide, sans contrainte, sans effort.

C'est si agréable de se sentir à ma place, légitime d'être qui je suis et comme je suis.

Je suis là, dans l'instant présent, simplement parce que j'habite totalement ma véritable maison : mon corps. Cela s'est fait à mesure que mon écosystème physique se transformait et devenait de plus en plus joyeux… en résumé plus tu alchimises plus tu transformes et plus tu te crées un espace de vie corporel confortable.

♥ **Et bien plus encore…**

Pratiquer l'alchimisation et devenir gardienne de son heureusité est un chemin que l'on découvre à son propre rythme, avec ses surprises et ses cadeaux. Je suis convaincue que tu en sortiras grandie, plus alignée et plus libre.

Comment alchimiser ?

A la portée de ton cœur !

En récitant en pleine conscience le mantra d'alchimisation, tu t'ouvres naturellement à un espace sacré de transformation intérieure. :

« J'invite toutes les parts de moi qui sont ... à se retourner dans l'étoile d'unité au cœur de moi-même."
Remplace les "..." par ce que tu souhaites transformer : émotions, croyances, besoins, peurs, douleurs, etc.

Ce mantra est une clé. Prends le temps de ressentir chaque mot en profondeur. Lis-le à haute voix ou intérieurement.

Combien de temps ou de fois ?
Il n'y a pas de règle fixe. Plus tu pratiques, plus le processus alchimique s'intègre en toi, et plus les résultats seront rapides et profonds.
Si tu es novice et que tu n'as jamais pratiqué, je te recommande de commencer avec une pratique quoti-

dienne de 15 minutes par jour, pour instaurer une routine. Mais si tu sens l'appel et que tu veux te plonger directement dans une séance d'une heure, fais-le ! Je me souviens, au début de mon propre cheminement, je consacrais mes journées entières à alchimiser.

Je me sentais tellement mal dans mon corps, dans ma tête, dans ma vie que c'était vital pour moi de le faire.

L'alchimisation n'est pas un acte ponctuel, mais **un rituel que tu peux intégrer dans ta vie quotidienne.**

Chaque moment où tu choisis de transformer, plutôt que de résister ou d'ignorer, te rapproche un peu plus de l'harmonie intérieure que tu cherches à incarner. Tu deviens alors la créatrice consciente de ton expérience, une alchimiste de ton propre bonheur.

Dois-je avoir une attitude particulière ?

J'aime dire que cette méthode est très flexible et ne demande aucun cadre strict. Tu peux l'intégrer dans ta vie quotidienne et pratiquer aussi bien

- ♥ Allongée sur ton lit
- ♥ Assise sur ton canapé
- ♥ Sous la douche
- ♥ En cuisinant
- ♥ Dans les transports en commun
- ♥ En conduisant
- ♥ Ou même en travaillant

Tu n'as pas besoin de méditer ou de te créer un espace de détente spécifique pour la pratiquer.

Cependant, pour bien commencer, je te conseille de consacrer environ 21 jours à des moments de pratique consciente. Cela te permettra de t'approprier l'alchimisation et d'observer ce qui se passe en toi.

Pendant ces séances d'apprentissage, prends le temps de fermer les yeux, de te concentrer sur ta respiration, d'observer ce qu'il se passe en toi et surtout, adopte une attitude bienveillante et aimante envers toi-même et tes parts blessées.

Tu vas devoir pratiquer régulièrement et devenir la gardienne de ton bonheur pour permettre au changement de s'opérer. Pour ma part, je continue à alchimiser, parfois de manière intense, parfois en quelques minutes, selon ce que je vis et découvre en moi.

Obtenir des résultats nécessite d'accepter que ce processus demande du temps. La patience et la persévérance seront tes alliées précieuses dans ce voyage de transformation.

Si je m'étais arrêtée en chemin, je ne pense pas qu'aujourd'hui je vivrais l'heureusité. Il y aura des moments où tu douteras, où tu en auras marre, où tu feras des pauses – et c'est parfaitement normal. Mais quand tu te sentiras prête, dessine une nouvelle ligne de départ et reprends l'alchimisation. C'est en persévérant, malgré les obstacles, que tu avanceras sur ce chemin de transformation.

Si tout cela te paraît encore un peu abstrait, ne t'inquiète pas. Je vais te guider étape par étape dans les chapitres à venir, en t'offrant des exemples concrets et une méthodologie claire pour que tu puisses facilement comprendre et intégrer cette pratique dans ta vie quotidienne.

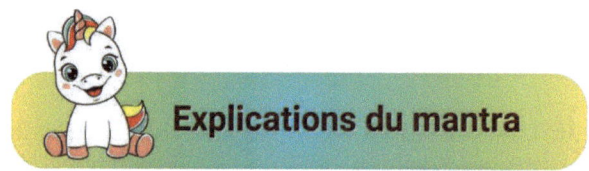

Explications du mantra

♥ **J'invite toutes les parts de moi...**

Cette tournure est utilisée pour accueillir toutes les facettes de toi-même. Elle reconnaît que nous sommes faits de multiples parts, certaines alignées, d'autres non.

♥ **... à se retourner ...**

Le terme "se retourner" fait référence au fait que certaines parts de toi ont tourné le dos à l'espace de joie et d'amour en toi. Elles se sont éloignées de ta lumière intérieure à cause de la souffrance, des traumas ou des émotions non résolues. En les invitant à se retourner, tu leur permets de revenir vers cet espace de guérison, de se reconnecter en ton espace sacré.

♥ **... dans l'étoile d'unité au cœur de moi-même.**

L'étoile d'unité représente symboliquement ton étincelle divine, cette partie de toi qui est intemporelle et toujours reliée à ta véritable essence.

Ce mantra, par sa simplicité et sa puissance, te permet de réintégrer ces parts de toi qui se sont égarées qui souffrent ou encore qui se sentent séparées, en les ramenant à la source de ton unité intérieure. Dans cet espace, seuls l'amour et la joie existent et peuvent exister. Au fil de ta pratique, tu découvriras également que ce mantra t'aide à reprendre pleinement possession de ton territoire (ton corps) et à te libérer de toutes les intrications (les enchevêtrements ou mélanges complexes d'énergies) car seule toi peux habiter cet espace sacré.

Quoi alchimiser ?

Dans les chapitres suivants, je vais te guider à travers toutes les subtilités de l'alchimisation. Ce processus puissant te permettra de transformer chaque aspect de ta vie. Il est important de savoir que tout peut être alchimisable : que ce soit les émotions, les croyances, les besoins, ou même ton corps physique et tes plans énergétiques.

♥ **Les émotions**

Ces messagers subtils que nous ressentons quotidiennement sont des indicateurs précieux de notre état intérieur. Lorsque certaines émotions comme la peur, la colère ou la tristesse se cristallisent en nous, elles créent des blocages. Alchimiser ses émotions, c'est les accueillir, les observer, recevoir leur message, puis les laisser te traverser

- ♥ **Les croyances**

Beaucoup de nos limitations viennent de croyances inconscientes que nous avons adoptées au fil du temps. Ces croyances conditionnent nos pensées et nos actions. L'alchimisation permet de les revisiter, d'en identifier les racines, et de les transmuter pour qu'elles deviennent des alliées de notre épanouissement personnel.

- ♥ **Les besoins**

Nos besoins, souvent en lien avec des insécurités ou des désirs profondément ancrés, sont une porte vers la connaissance de soi. En les alchimisant, tu peux reconnaître lesquels sont réellement essentiels et apprendre à répondre à ces besoins de manière alignée avec ton bien-être intérieur.

♥ Le corps physique

Ton corps, cet incroyable véhicule, porte en lui des mémoires, des tensions et des traumatismes. L'alchimisation corporelle permet de libérer les tensions physiques accumulées, de restaurer la vitalité et de créer un lien plus harmonieux entre ton esprit et ton corps.

♥ Les plans énergétiques

Au-delà de ce que l'on peut percevoir physiquement, notre énergie circule dans des champs subtils qui influencent tout ce que nous vivons. Alchimiser ces plans énergétiques, c'est purifier, harmoniser et renforcer ton champ vibratoire pour qu'il résonne avec les fréquences les plus élevées possibles.

Rappelle-toi, tu as en toi la capacité d'alchimiser tout ce qui te freine ou te fait souffrir. Il suffit d'entrer dans ce processus avec conscience et bienveillance, en reconnaissant que chaque expérience peut être une porte vers une transformation profonde.

Au cœur de tes émotions

Avant d'apprendre à alchimiser tes émotions, il y a quelques points essentiels que je vais partager. Mon intention n'est pas de te livrer une thèse exhaustive sur le sujet, mais de te fournir des informations pratiques qui t'aideront à mieux te comprendre.

Nos émotions sont à la fois de subtiles messagères et de puissantes forces qui influencent chaque aspect de notre vie. Elles façonnent notre manière de voir le monde, de prendre des décisions et de nous relier aux autres. Pourtant, il arrive souvent que nous les percevions comme des obstacles, des fardeaux, voire des ennemies à contrôler.

Et si je te disais que tes émotions sont, en réalité, tes alliées les plus précieuses… Elles te parlent, t'invitent à explorer ce qui se passe en toi et autour de toi. Pour les comprendre et les accueillir, il faut d'abord réaliser que toutes les émotions n'ont pas la même fonction.

En fait, tu vis 3 types d'émotions :

- ♥ **Les émotions immédiates**, celles qui surgissent en réponse directe à une situation présente, comme la peur face à un danger ou la joie lors d'une belle rencontre.

- ♥ **Les émotions cristallisées**, celles qui, non digérées, se sont accumulées en toi au fil du temps. Elles se manifestent aussi à travers des douleurs physiques ou des réactions disproportionnées dans certaines situations. Ce sont les émotions du passé qui n'ont pas pu s'exprimer et qui cherchent encore une issue.

- ♥ **Les émotions profondes et récurrentes,** ces émotions reviennent régulièrement dans ta vie, jouant un rôle de boussole émotionnelle qui te guide à chaque étape de ton cheminement. Elles se manifestent sous différentes formes, et chacune d'elles a une fonction bien précise.

Par exemple, la **frustration** apparaît souvent quand tu t'éloignes de ce qui te fait vibrer, alors que la **satisfaction** se présente lorsque tes actions et tes choix sont en harmonie avec tes besoins profonds. Celles-ci sont différentes suivant ton Human Design.

Comprendre l'étymologie du mot « émotion » peut aussi t'éclairer sur la nature profonde de celles-ci. « Motion » signifie mouvement, et le préfixe « é » signifie hors de, mettre dehors. Une émotion est donc, littéralement, un mouvement vers l'extérieur ; une énergie qui part de l'intérieur et qui cherche à s'exprimer. Lorsque tu tentes de gérer ou de contrôler tes émotions, tu réprimes ce mouvement naturel, ce flux vital.

Des guides intérieurs précieux...

Tes émotions ne sont ni bonnes ni mauvaises. Elles sont là pour t'indiquer ce qui se passe en toi et dans ton environnement. Chaque émotion te livre des informations précieuses sur ton état intérieur. Elles déclenchent des sensations physiques et influencent ton comportement. C'est grâce à elles que tu survis, que tu réagis face à un danger ou que tu t'ouvres à la joie d'un moment présent.

Cependant, il est essentiel de savoir que chacun de nous vit ses émotions de manière unique. Ce qui te touche profondément peut n'avoir aucun impact sur une autre personne, et vice-versa.

Tes émotions sont là pour te servir, et non pas pour te contrôler. En leur offrant de l'espace pour s'exprimer et en comprenant les messages qu'elles te délivrent, tu apprends à te reconnecter à toi-même, à tes besoins et à ton essence.

Pourquoi alchimiser plutôt que de gérer tes émotions ?

La réponse se trouve dans l'étymologie des mots eux-mêmes :

Gérer, venant du latin *gerere*, signifie "porter sur soi" (source : Wikipedia, 06.04.2024). Cela implique de supporter et de maintenir les émotions comme un fardeau sur tes épaules.

Alchimie, dérivant de l'arabe كيمياء, *al-kīmiyā*. se traduit par "l'art de transformer", et elle trouve ses racines dans le grec ancien χυμεία (*khumeíā*), qui signifie "art de transformer" et "art de purifier"
(Source : Wikipedia, 06.04.2024).

Alors, que préfères-tu ?

- ♥ Continuer de porter tes émotions comme un fardeau

♥ ou les transformer en une force et une opportunité de croissance ?

Si aujourd'hui tu ne te lèves pas avec un sourire intérieur, il se peut que tu aies tellement bien "géré" tes émotions que tu les as retenues, éteignant ainsi ta joie et perturbant l'équilibre de tes voies neuronales et de ton corps émotionnel.

Mais tout cela n'est pas de ta faute... C'est un schéma qui nous est transmis de génération en génération. Depuis toujours, on nous apprend à "gérer" nos émotions plutôt qu'à les transformer. Nous apprenons par mimétisme et c'est ce que nos ancêtres, nos parents et grands-parents faisaient.

Nous nous débattons contre ce que l'on appelle les émotions négatives, non pas à cause de ce qu'elles sont, mais à cause de ce qu'elles provoquent en nous. Nous finissons par les réprimer, oubliant de les observer et de les laisser passer.

Il est temps que cela change !

Est-ce que alchimiser va t'empêcher de vivre et de ressentir tes émotions ?

La réponse semble évidente : NON.

Les émotions jouent un rôle crucial. Elles sont des données essentielles pour la survie et le bien-être. Cependant, au lieu d'être submergée par une émotion, tu vas plutôt accueillir l'information émotionnelle du moment, tout en conservant la capacité de ressentir de la joie dans ton être. Au fil de ta pratique, tu vas devenir observatrice de tes propres émotions.

De nombreuses personnes se trouvent dominées par des émotions, des expériences non résolues ou des traumatismes non exprimés qui ne leur appartiennent pas directement, mais qui leur ont été transmis par leurs ancêtres, ou leur âme et ses mémoires.

Ce mélange d'émotions crée un inconfort corporel et entrave la capacité à ressentir la joie et à exprimer authentiquement les émotions.

Ton corps, le berceau de tes émotions

Avant d'aller plus loin, je me dois de te rappeler un point essentiel trop souvent oublié.

> *Ton corps fait partie du monde animal. C'est un mammifère, un être vivant qui ressent, comprend et capte tout ce qui l'entoure. Il perçoit des signaux subtils que notre intelligence humaine a souvent oubliés.*

Avec le temps, nous avons perdu cette **connexion intuitive** avec notre corps, alors qu'il continue d'interagir instinctivement avec le monde.

Dans le domaine de la **spiritualité**, il est devenu courant de chercher à communiquer avec les animaux, les anges, ou les élémentaux. Mais la première communication que nous devrions apprendre est celle avec notre propre corps. Ce corps, en tant que mammifère, est au cœur de notre expérience de vie. Nous avons souvent tendance à nous déconnecter de nos sensations physiques, croyant que tout se passe dans l'esprit. Pourtant, c'est grâce à ce corps, ce **lieu où tu habites**, que tu ressens véritablement la réalité et tes émotions.

Ton corps n'est pas une machine déconnectée de tes ressentis, de tes pensées ou simplement de toi. Non c'est le cœur de la vie, car sans lui tu ne serais qu'un fantôme, et tu ne pourrais pas lire ce livre ou encore communiquer avec les autres humains sur cette terre. Ton corps c'est aussi le lieu où tes émotions prennent vie. Tout ce qui n'a pas été digéré ou réglé, que ce soit par toi ou par tes ancêtres, imprègne ton écosystème corporel.

Ton Corps a Son Propre Écosystème

Ton corps, à l'image de la nature, est un écosystème vivant où chaque émotion, mémoire et expérience sont interconnectées et jouent un rôle essentiel. Cet écosystème, unique, est façonné non seulement par ce que tu vis aujourd'hui, mais aussi :

- ♥ **Par des émotions cristallisées,** celles qui n'ont pas été digérées et qui continuent de t'habiter

- ♥ **Par des mémoires** issues de ton enfance, de ta vie intra-utérine, ou de moments marquants de ta vie

- ♥ **Par les expériences profondes et les mémoires reliées à ton âme**

- ♥ **Par l'héritage transgénérationnel,** les mémoires et programmes émotionnels transmis par tes ancêtres

Ton corps n'est pas simplement un assemblage de cellules. C'est un **univers vivant** où tes émotions circulent, s'expriment, et parfois se cristallisent quand elles n'ont pas trouvé d'issue pour être libérées. Cet écosystème influe directement sur ta manière de percevoir le monde et d'attirer des expériences.

> *Tu attires à toi ce que tu rayonnes avec ton corps, et non pas ce que tu penses avec ton mental.*

Par exemple, si ton écosystème corporel est imprégné de peur ou de culpabilité, ces émotions agissent comme des vibrations qui teintent ta réalité. Tu pourrais attirer des expériences qui résonnent avec ces énergies, même inconsciemment. En revanche, un écosystème qui vibre sur des émotions comme la joie, ou la paix te permet de naviguer dans la vie avec plus de fluidité en attirant des expériences en accord avec ces vibrations plus élevées.

Tout dans cet écosystème est en mouvement. C'est à toi de **prendre soin de ce lieu**, de t'assurer qu'il devienne un espace où il fait bon habiter. Si ton corps est une zone de chaos ou de guerre intérieure, comment veux-tu y vivre pleinement ? Il t'appartient de transformer **cet espace de vie**, de le cultiver pour qu'il devienne un jardin où règnent l'équilibre et le bien-être.

> *"Les émotions non exprimées ne meurent jamais. Elles sont enterrées vivantes et ressortent plus tard de façon plus laide."*
>
> **Carl Gustav Jung**

Alchimisation émotionnelle

Je te propose de débuter ce voyage alchimique au travers de tes émotions, tout comme moi je l'ai fait à l'époque. Ce processus m'a permis de transformer les parties de moi qui étaient bloquées ou inconfortables et de les ramener à l'unité intérieure. C'est en explorant mes émotions que j'ai découvert la puissance de l'alchimisation. Ce chemin n'est pas toujours facile, mais il est profondément libérateur et te permettra, toi aussi, de transmuter tes émotions en ressources positives.

Ensemble, nous allons explorer ce processus et activer ton propre pouvoir de transformation.

Je me souviens encore du jour où je m'essayais à l'alchimisation, sans savoir que 8 ans plus tard, je partagerais cette méthode à travers un livre. Quel chemin parcouru... et **quel bonheur** ! Jamais je n'aurais imaginé que ce petit outil, créé par instinct de survie, me mènerait un jour à incarner l'heureusité et à découvrir cette joie tant recherchée.

Je ne pensais pas non plus que la joie avait cette saveur douce et réchauffante. Souvent, on associe la joie à des éclats de rire, à l'euphorie... Et pourtant, la vraie joie, celle que l'on trouve en soi, a une saveur bien plus calme. Pour la décrire, je pourrais te dire que c'est un peu comme cette sensation que j'ai ressentie en nageant avec les dauphins à Sataya, en 2012. Un calme infini, une immensité sous-marine qui t'enveloppe, un monde à part qui te prend dans ses bras...

L'alchimisation émotionnelle m'a offert un espace pour transformer mon chaos intérieur en quelque chose d'aussi doux, lumineux, et émouvant que cette rencontre avec les dauphins. Ce n'est pas magique, mais c'est puissant. Ce qui rend cette pratique si particulière, c'est qu'elle ne te demande pas de fuir ou de réprimer tes émotions, mais de les accueillir, de les écouter, et de les transmuter.

Dans ce chapitre, je vais te montrer comment j'ai appris à alchimiser mes émotions, à transformer mes douleurs en paix intérieure. Pas à pas, tu vas découvrir une pratique simple, mais incroyablement libératrice, que j'utilise encore aujourd'hui pour continuer à grandir et à m'épanouir.

Les 2 pôles d'utilisation de l'alchimisation émotionnelle

Le premier pôle de l'alchimisation émotionnelle consiste à utiliser cet outil pour apprivoiser tes émotions au quotidien, plutôt que de les gérer ou les refouler. Une fois que tu as bien assimilé la méthode, tu peux l'appliquer librement aux émotions que tu vis dans l'instant présent.

Par exemple, si tes enfants te mettent hors de toi, tu peux immédiatement alchimiser les émotions et sentiments qui émergent, te permettant de ne pas te laisser submerger ni de les étouffer pour maintenir le contrôle. Ainsi, tu transformes ton ressenti sur le moment même et préserves ton équilibre intérieur.

Le second pôle de l'alchimisation émotionnelle te permet de devenir la créatrice de ta propre joie et de ta vie. Il s'agit ici d'intégrer cette pratique comme une méthode de guérison profonde de tes traumas, de tes mémoires, et ainsi faire **évoluer ton écosystème** personnel.

Vois l'alchimisation un peu comme une pratique de yoga ou de méditation que tu fais quotidiennement.

Avec le temps, tu verras que l'alchimisation te permettra d'entrer dans **une écoute active de ton corps, de tes mémoires et de ton monde intérieur.** Il est fort probable que tu prennes conscience à quel point tu t'es dissociée mais je te rassure, ce n'est pas de ta faute. Nous évoluons dans une société où la dissociation est courante. En devenant la gardienne de ton

bonheur, tu te reconnecteras naturellement à ton authenticité et à ta singularité.

> *J'aime à penser que l'alchimisation est comme les rames d'une barque. Si tu n'utilises qu'une seule rame, tu risques de tourner en rond. Mais si tu manies les deux rames avec adresse, tu peux voguer sereinement sur les eaux de la transformation intérieure.*

Pourquoi alchimiser aussi les émotions dites positives...

Souvent, nous pensons que seules les émotions dites "négatives" nécessitent notre attention et notre transformation, mais les émotions positives ont également leur rôle à jouer dans notre processus d'alchimisation. En intégrant ces émotions positives, tu renforces non seulement ta capacité à ressentir la joie, l'amour, et la gratitude, mais tu amplifies aussi leur énergie dans ton être.

C'est comme renforcer les racines d'un arbre : plus elles sont solides, plus l'arbre peut s'élever haut.

Au fil de ta pratique, tu comprendras que cette méthode favorise l'unité intérieure, permettant aux parties de toi qui vivent des expériences plus douces et joyeuses de trouver également leur place dans ton étoile d'unité. En accueillant pleinement les émotions positives, tu équilibreras ton champ émotionnel, ce qui te permettra de mieux naviguer à travers les hauts et les bas de la vie.

Les émotions positives deviennent alors des points d'ancrage, des ressources précieuses sur lesquelles tu pourras compter lorsque les vagues de la vie se feront plus intenses.

En alchimisant les émotions positives, tu ne fais pas que te contenter de la joie et de l'amour. Tu les transformes en une énergie encore plus puissante qui nourrit toutes les parties de ton être. Ainsi, tu crées un espace intérieur où chaque émotion, qu'elle soit légère ou intense, trouve sa juste place et contribue à ton équilibre global.

De plus, en travaillant régulièrement avec tes émotions, tu changes littéralement ton écosystème personnel. Ce n'est pas parce que tu as une tendance dépressive ou anxieuse que cela ne peut pas changer.

Chaque pratique d'alchimisation est une graine de transformation que tu plantes dans le sol de ton être. Nous sommes comme des jardinières, rendant notre terrain de plus en plus fertile, capable de soutenir des émotions variées sans être submergées. Avec le temps, tu remarqueras que ton jardin intérieur devient plus résilient et plus riche, capable de nourrir ta paix intérieure et ta joie, quel que soit le climat émotionnel extérieur.

"Emmurer nos émotions
Parfois, ma foi, les gens le
font
A la fin, au fond tout ça fait
Qu'on a mal, on a l'âme en
chantier"

Vianney / Mika - chanteurs
Extrait de leur titre Keep It
Simple

Protocole

Alchimisation

Les émotions

<u>Pour bien débuter…</u>

Si ce n'est pas encore fait, je t'encourage vivement à te munir d'un carnet de bord. Ce sera ton espace personnel pour noter :

- ♥ Tes expériences, tes vécus et observations
- ♥ Les alchimisations que tu as faites
- ♥ Les résultats obtenus

4 points à vérifier avant de débuter ta pratique quotidienne l'alchimisation.

Observe comment tu te sens :

- ♥ **Dans ton corps**
- ♥ **Dans tes émotions**
- ♥ **Dans ton mental**
- ♥ **Comment est ta respiration**

Note bien que si tu ne ressens pas cette étincelle de joie à l'intérieur de toi, c'est le signe que ton écosystème personnel est alourdi par des émotions cristallisées. Celles-ci peuvent venir de ton enfance, de ton héritage familial, ou même d'expériences de ton âme. Peu importe leur origine, ne cherche pas à identifier le pourquoi elles sont là, accepte-les et alchimise.

C'est comme quand tu fais ton ménage : tu aspires, tu balayes et tu jettes ... il ne te viendrait pas à l'idée d'analyser d'où vient la poussière. Tu es responsable de créer ta propre joie ! Et tu en es capable. Prends les rênes de ton bien-être et deviens la gardienne de ta paix intérieure.

En libérant les blocages émotionnels qui te pèsent, tu pourras laisser rayonner ta lumière intérieure et vivre une vie plus joyeuse.

Phases d'apprentis-sages et de découvertes.

Pour amorcer ce voyage intérieur, je te propose de consacrer **15 minutes** par jour en conscience, chaque jour, pendant **21 jours.**

C'est un engagement envers toi-même, une opportunité de t'accorder un moment privilégié pour explorer et comprendre ton monde émotionnel.

Pour te guider dans ce processus, je t'invite à consulter le tableau des émotions situé à la page 86.

Chaque jour, nous aborderons une émotion différente, permettant ainsi une immersion progressive dans la diversité de ton paysage émotionnel.

Prends le temps de te plonger dans chaque émotion, d'en explorer les nuances et les subtilités. À travers cette pratique quotidienne, tu vas approfondir ta compréhension de toi-même et développer des outils puissants pour transformer tes émotions de manière plus éclairée.

Mantra d'alchimisation

Je te laisse choisir la tournure de phrase qui correspond le mieux à l'émotion alchimisée et remplace les ... par le nom de l'émotion :

- ♥ J'invite toutes les parts de moi qui sont ... à se retourner dans l'étoile d'unité au coeur de moi-même.

- ♥ J'invite toutes les parts de moi qui ont ... à se retourner dans l'étoile d'unité au coeur de moi-même.

- ♥ J'invite toutes les parts de moi qui se sentent ... à se retourner dans l'étoile d'unité au coeur de moi-même.

Tableau des 21 Jours d'Apprentissage

Alchimise l'émotion proposée pendant 15 minutes. Fais-le en pleine conscience, en restant bienveillante envers toi-même. Si tu as peur de perdre la notion du temps, n'hésite pas à utiliser une minuterie.

Jour	Emotion	Jour	Emotion
Jour 1	La colère	Jour 12	L'anxiété
Jour 2	La tristesse	Jour 13	La confusion
Jour 3	La peur	Jour 14	L'inquiétude
Jour 4	L'apathie	Jour 15	L'insatisfaction
Jour 5	Le dégoût	Jour 16	L'amertume
Jour 6	La honte	Jour 17	La joie
Jour 7	La culpabilité	Jour 18	Le désespoir
Jour 8	La surprise	Jour 19	Le courage
Jour 9	La mélancolie	Jour 20	L'amour
Jour 10	Le stress	Jour 21	La fierté
Jour 11	La rancœur		

Exemple pour le jour 1 : la colère

Choisis la ou les tournures qui te parlent le plus !

- ♥ J'invite toutes les parts de moi qui sont en colère à se retourner dans l'étoile d'unité au cœur de moi-même.

- ♥ J'invite toutes les parts de moi qui sont colériques à se retourner dans l'étoile d'unité au cœur de moi-même.

- ♥ J'invite toutes les parts de moi qui ont de la colère à se retourner dans l'étoile d'unité au cœur de moi-même.

♥ J'invite toutes les parts de moi qui se sentent en colère à se retourner dans l'étoile d'unité au cœur de moi-même.

♥ J'invite toutes les parts de moi qui sont en colère, colériques, ou qui ressentent de la colère à se retourner dans l'étoile d'unité au cœur de moi-même.

Remarques

Prends le temps, répète le mantra de ton choix à haute voix pendant 15 minutes, en conscience, en observant ce qui se passe en toi. Ce n'est pas une course. Laisse ton corps réagir.

Tu peux très bien varier la tournure au fil de ta pratique. Tu n'es pas obligée de faire tout le temps la même.

Une fois ta pratique de 15 minutes terminée, reprends ton cahier de bord et pose-toi les mêmes

questions que celles que tu t'es posée avant de commencer (page 83). Cela te permettra de vérifier comment tu te sens et de comparer ton état avant et après la pratique.

Stop à la Trahison

Maintenant que tu as commencé à alchimiser tes émotions et à te reconnecter à ton unité intérieure, il est temps d'explorer un autre aspect essentiel de ton cheminement : **La trahison envers toi-même.**

As-tu déjà pris conscience qu'à chaque fois que tu ignores tes besoins, renies tes émotions ou choisis de t'adapter aux attentes des autres plutôt qu'à ta vérité intérieure, tu te trahis ? Dans ce chapitre je vais t'enseigner :

- ♥ À reconnaître ces moments de trahison
- ♥ À te libérer de ces schémas destructeurs
- ♥ À apprendre à honorer ton être véritable à chaque instant
- ♥ À alchimiser tes trahisons

Voici ma première question pour t'aider dans ta démarche d'introspection :

Est-ce que tu te trahis souvent ?

Sois honnête avec toi-même. Prends un moment de réflexion et note tes réponses dans ton cahier de bord. C'est en prenant conscience de ces moments de trahison que tu pourras réellement dénouer tes programmes intérieurs, tes traumas et tes habitudes qui te maintiennent dans la non-heureusité.

À ce stade du processus, je vais t'encourager à faire face à ce que tu préfères peut-être éviter de voir en toi. C'est une étape clé pour dresser un bilan honnête de tes comportements et cartographier ce qui te bloque dans ton épanouissement et ta capacité à être pleinement toi-même.

Pour incarner véritablement ton bonheur et ta joie, il est nécessaire d'arrêter de te trahir et de te mentir à toi-même !

As-tu conscience que chaque fois que tu fais des choix à l'encontre de tes valeurs profondes ou que tu ignores tes besoins véritables, tu crées une rupture intérieure ?

Si tu n'as pas encore répondu à ma question

« Est-ce que tu te trahis souvent ? »

je t'invite à la faire maintenant. Ne va pas plus loin dans la lecture sans prendre le temps d'un moment d'introspection.

Continuons dans notre processus d'introspection. Je t'ai listé 20 exemples de trahisons courantes que peut-être tu n'avais pas identifié en tant que tel.

Lis-les attentivement et note dans ton carnet de bord celles qui te concernent :

- ♥ **Dire oui alors que tu veux dire non** : Accepter des engagements ou des situations qui vont à l'encontre de tes besoins ou désirs pour éviter de décevoir les autres.

- ♥ **Rester dans une relation toxique :** Ignorer les signes d'une relation néfaste par peur de la solitude ou par habitude, même si elle te fait du mal.

- ♥ **Ne pas écouter ton corps :** Continuer à travailler ou à t'épuiser alors que ton corps te demande du repos ou que tu es malade.

- ♥ **Ne pas exprimer tes émotions :** Réprimer tes émotions pour éviter les conflits ou ne pas déranger les autres, même si cela te fait souffrir.

- ♥ **Suivre un chemin de carrière qui ne te correspond pas** : Rester dans un travail qui ne te passionne pas ou qui est contraire à tes valeurs, uniquement pour des raisons financières ou de reconnaissance sociale.

- ♥ **Accepter des comportements irrespectueux :** Tolérer des paroles ou des actions blessantes de la part de proches ou de collègues sans jamais poser de limites.

- ♥ **Ne pas prendre soin de ton bien-être physique :** Négliger ton alimentation, ton sommeil ou ta santé en général, malgré une prise de conscience que cela te nuit.

- ♥ **Ignorer tes passions ou talents :** Mettre de côté tes passions, tes hobbies ou tes talents naturels pour te conformer à ce que la société ou tes proches attendent de toi.

- ♥ **Te conformer à des normes extérieures :** Te forcer à adopter des croyances, des habitudes ou des comportements pour correspondre aux attentes des autres, sans que cela ne résonne en toi.

♥ **Ne pas fixer de limites :** Laisser les autres envahir ton espace personnel ou émotionnel sans jamais t'affirmer, même si cela te pèse.

♥ **Se contenter de moins** : Accepter des situations ou des personnes qui ne te conviennent pas pleinement, par peur de ne pas trouver mieux ou de ne pas mériter plus.

♥ **Se comparer aux autres :** Te dévaloriser en te comparant constamment à ce que les autres ont ou accomplissent, au lieu de valoriser tes propres progrès et réussites.

♥ **Repousser tes rêves :** Remettre à plus tard tes objectifs et tes aspirations profondes, par peur de l'échec ou parce que tu estimes que ce n'est pas le bon moment.

- ♥ **Refuser de demander de l'aide :** T'obstiner à tout faire seule, même lorsque tu te sens dépassée ou en détresse, par fierté ou par peur de paraître vulnérable.

- ♥ **Te critiquer constamment** : Entretenir une voix intérieure négative qui te juge durement et sabote ta confiance en toi, même lorsque tu fais de ton mieux.

- ♥ **Ne pas te pardonner tes erreurs passées :** Te punir en ressassant des erreurs ou des échecs du passé, sans te donner la chance de grandir et d'avancer.

- ♥ **Ignorer ton intuition :** Passer outre tes ressentis et ton instinct en prenant des décisions dictées par la logique ou la pression extérieure, même si ton cœur te dit le contraire.

- ♥ **Te forcer à être toujours forte** : Ne jamais te permettre de montrer ta vulnérabilité ou de craquer, même lorsque tu en as besoin, en pensant que cela ferait de toi une personne faible.

- ♥ **Minimiser tes besoins émotionnels :** Considérer que tes besoins affectifs ou émotionnels sont secondaires par rapport à ceux des autres, et ne pas leur accorder d'importance.

- ♥ **Vivre dans le passé ou l'avenir :** Te concentrer tellement sur des regrets passés ou des inquiétudes futures que tu oublies de vivre pleinement l'instant présent, ce qui te maintient dans un état d'insatisfaction.

Note dans ton cahier celles qui résonnent en toi.

Il est tout à fait possible que tu vives d'autres formes de trahison envers toi-même. Si c'est le cas, prends le temps de les identifier et de les noter également dans ton cahier de bord. Cela te permettra de prendre pleinement conscience des schémas qui t'éloignent de ton bonheur et de ton bien-être.

Rappelle-toi que le but n'est pas de te juger, mais de t'aider à évoluer. Si la culpabilité émerge, sache qu'elle n'a pas sa place dans ce processus. La culpabilité est un sentiment qui ne fait qu'ajouter du poids supplémentaire. Tu peux déjà l'alchimiser comment tu le ferais pour une émotion. Sois douce avec toi-même et valorise chaque pas que tu fais vers ton épanouissement personnel. Il est important de reconnaître que chaque mouvement vers la compréhension et le changement est une victoire en soi.

Je sais par expérience qu'à cette étape tu peux peut-être ressentir une certaine pression intérieure. C'est normal et c'est pour cela que tu peux te donner le droit de te trahir, si cela t'aide à te lâcher la grappe. Je ne voudrais pas que tu essaies de changer mentalement, ou en te forçant, sans avoir intégré physiquement.

"La trahison ne vient jamais de nos ennemis."

Nelson Mandela

Il se peut même que tu n'aies pas encore pris pleinement conscience de ces trahisons envers toi-même. Donne-toi la liberté de les reconnaître et de t'y confronter progressivement.

Tu peux verbaliser cette acceptation en te disant, par exemple : « **Je me donne le droit de me trahir (et de dire oui quand je pense non) parce que pour le moment, c'est ce dont j'ai besoin.** »

Rassure-toi, ce processus est une partie intégrante de ton cheminement vers une plus grande honnêteté et intégrité envers toi-même. Chaque étape, même celle où tu te trahis en conscience temporairement, te rapproche de l'alignement avec ton vrai moi, tout en étant dans le respect de tes besoins du moment.

Direction les enfers...

Lorsque tu te trahis, consciemment ou inconsciemment, tu ouvres la porte à la culpabilité. Cette culpabilité agit comme une force invisible, te coupant de ta boussole intérieure, de cette guidance subtile qui te connecte à ta vérité. Elle te plonge dans un état de confusion, où tu perds la clarté nécessaire pour faire des choix alignés. Plus insidieusement, la culpabilité peut aussi t'amener à te dissocier de tes émotions. Pour échapper à l'inconfort qu'elle provoque, tu peux finir par ne plus la ressentir. Pourtant, même enfouie, elle continue de t'influencer, alimentant **le cercle infernal d'autodestruction.**

Cette dissociation te maintient prisonnière de tes propres enfers, coupée de ton essence. Plus tu te trahis, plus la culpabilité se renforce, et plus tu t'éloignes de cette part de toi capable de te guider vers une vie harmonieuse.

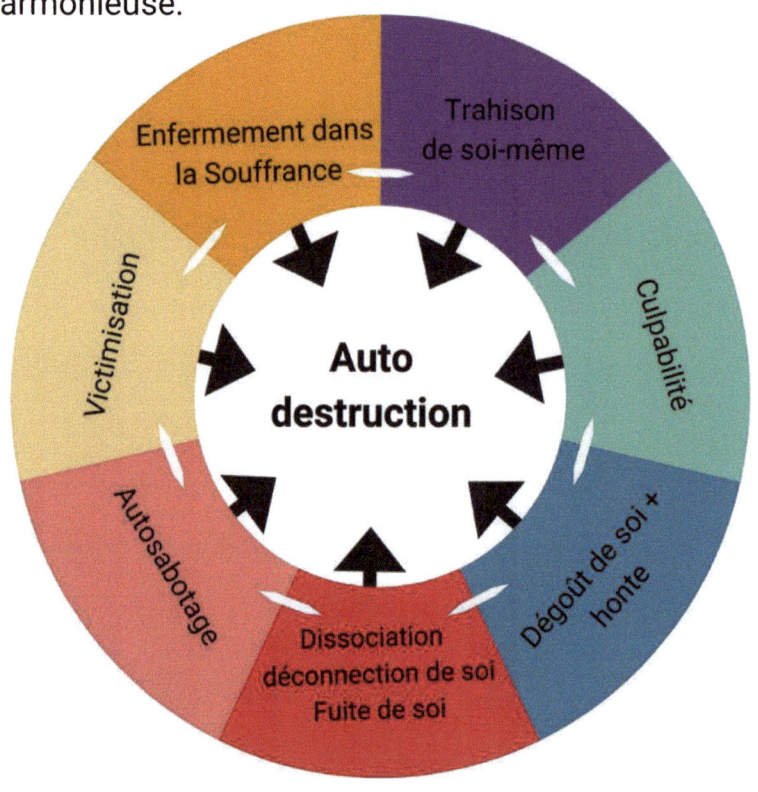

Tant que tu restes dans cet état, tu te prives de la possibilité de créer une existence en accord avec tes aspirations profondes. La clé pour briser ce cycle est **d'alchimiser ta culpabilité.** Ce processus te permet de retrouver ta clarté intérieure et surtout de renouer avec toi-même. Ainsi tu te donnes la chance de rétablir l'harmonie dans ta vie et de transformer tes enfers en paradis terrestre.

Exemple concret
Ne pas arriver à dire non

1. Trahison Intérieure

Exemple : Tu acceptes de prendre une tâche supplémentaire au travail, même si tu sais que cela te surcharge et que cela va à l'encontre de tes besoins personnels pour du temps de repos et de détente.

2. Culpabilité Écrasante

Après avoir accepté cette tâche, tu te sens coupable de ne pas avoir su dire non et cela de façon consciente ou inconsciente

3. Honte et Dégoût de Soi

Tu te sens inadéquate et honteuse par le fait que tu n'as pas respecté tes propres limites, pensant que tu es faible ou incapable de gérer tes responsabilités.

4. Comportements Autodestructeurs

Pour faire face à cette culpabilité et honte, tu adoptes des comportements autodestructeurs comme l'auto-critique excessive, la procrastination sur la tâche ou même l'évitement de tes responsabilités au travail.

5. Sentiment de Victimisation

Tu te perçois comme une victime des attentes des autres, pensant que tu es constamment pris au piège dans des situations où tu dois dire oui, même si cela te nuit. (Pas d'autres choix que de dire oui)

6. Enfermement dans la Souffrance

Tu répètes ces comportements destructeurs, acceptant encore plus de tâches ou disant oui lorsque tu ne le souhaites pas, et maintiens une perspective négative sur toi-même et sur ta capacité à gérer tes limites.

7. Revenir à la Trahison Intérieure

La souffrance accumulée et les comportements auto-destructeurs conduisent à de nouvelles situations où tu te trahis en acceptant des demandes qui vont encore à l'encontre de tes besoins, perpétuant ainsi le cycle.

Ce cycle montre comment une difficulté à dire non peut entraîner une série de réactions négatives qui alimentent le problème initial, renforçant ainsi un cercle vicieux d'autodestruction induit par la trahison de tes besoins.

Les Visages Cachés de la Trahison de Soi...

Comme tu l'as compris, la trahison de soi est bien plus qu'un simple écart ou une erreur passagère. C'est un acte profondément destructeur qui te coupe de ton essence, de tes valeurs, et de ta boussole intérieure. À chaque fois que tu te renies, que tu vas à l'encontre de ce que tu sais être juste pour toi, tu déclenches un cercle vicieux qui t'enferme dans l'autodestruction.

Tu deviens ton propre bourreau, t'infligeant des blessures invisibles.

Mais cette trahison n'arrive jamais seule. Elle déploie en toi **quatre visages cachés,** quatre ombres qui nourrissent et perpétuent ce cycle de souffrance :

- ♥ Le rejet de toi-même
- ♥ L'abandon de toi-même
- ♥ L'humiliation de toi-même
- ♥ L'injustice envers toi-même

Le rejet de soi survient lorsque tu t'éloignes de ta vérité intérieure, te jugeant sévèrement pour ne pas être à la hauteur de tes propres attentes ou de celles des autres. Il te pousse à croire que tu n'es pas assez bien, à nier ta propre valeur et à t'imposer des limitations qui te maintiennent dans la stagnation.

L'abandon de soi se manifeste lorsque tu te refuses l'amour et le soutien que tu mérites. En choisissant de donner la priorité aux autres plutôt qu'à toi-même, tu te laisses tomber, te négliges, et la douleur de cet abandon résonne profondément en toi, te rappelant à chaque instant que tu es seule face à tes besoins insatisfaits.

L'humiliation de soi émerge lorsque tu te sens en contradiction avec toi-même, lorsque tu agis à l'encontre de tes valeurs ou de tes désirs les plus profonds. Elle laisse derrière elle une empreinte de honte et de vulnérabilité, te rendant plus sensible au jugement, qu'il vienne de toi ou des autres.

Enfin, **l'injustice** s'installe lorsque tu ressens que la vie te traite de manière inéquitable, ou que tu te traites toi-même sans le respect que tu mérites. La colère de cette injustice, bien que souvent étouffée, reste présente, te rappelant constamment que tu n'es pas en accord avec ta propre vérité.

Ces quatre visages cachés – **rejet, abandon, humiliation, et injustice** – t'enferment eux aussi dans un cercle où la trahison de soi alimente ta souffrance.

Tant que ces ombres ne sont pas reconnues et alchimisées, elles continuent de te maintenir dans un état de déséquilibre intérieur. La prise de conscience est le premier pas vers la libération. En reconnaissant ces ombres pour ce qu'elles sont, tu peux commencer à transformer et dénouer ce fonctionnement.

Exemple concret
De trahison de soi

Pour te donner un exemple concret de ce que je veux te transmettre, voici une situation fréquente que j'observe chez les personnes que j'accompagne.

Tu te trouves dans une situation où la société impose des attentes claires : avoir une carrière prestigieuse, réussir financièrement, suivre un chemin bien tracé pour être considéré comme "réussi". Mais au fond de toi, ce modèle ne te correspond pas. Ce que tu désires vraiment, c'est peut-être vivre une vie plus simple, plus en harmonie avec la nature, ou explorer une carrière artistique qui te fait vibrer. Pourtant, tu choisis de suivre le chemin tracé par la société : tu prends un emploi qui ne te plaît pas, parce qu'il offre sécurité et prestige.

1. Trahison

En te conformant à ces attentes extérieures, tu te trahis. Tu fais passer les valeurs et les attentes de la société avant les tiennes, en sacrifiant tes rêves et tes désirs profonds. Cette trahison de toi-même crée un fossé entre la personne que tu es réellement et celle que tu prétends être pour correspondre à l'image imposée.

2. Rejet de soi

En te trahissant ainsi, tu te rejettes. Tu dis à la partie de toi qui rêve d'une vie différente qu'elle n'est pas digne d'être écoutée. Tes besoins et tes aspirations profondes sont mis de côté, comme s'ils n'avaient pas de valeur. Tu rejettes tes propres désirs au profit de ce que la société valorise.

3. Abandon

Ce rejet te conduit à t'abandonner. Tu laisses tomber tes propres rêves et ambitions pour suivre un chemin qui ne t'appartient pas vraiment. Tu te tournes le dos, croyant que les attentes extérieures sont plus importantes que ton bien-être intérieur. Cet abandon génère un sentiment de vide, car tu as laissé derrière toi ce qui te fait vibrer.

4. Humiliation

En persistant dans cette voie, tu ressens une forme d'humiliation intérieure. Tu réalises que tu vis une vie qui n'est pas authentique, que tu joues un rôle pour plaire aux autres ou à la société. Tu sens une déconnexion avec ta vérité, et cela crée un malaise, une honte que tu portes en silence.

5. Injustice

Enfin, cette situation te fait ressentir une profonde injustice. Tu te dis que ce que tu fais pour être acceptée ou reconnue ne te rend pas heureuse, et que la société, avec ses normes rigides, te prive de la liberté de vivre pleinement selon tes propres termes. Tu te sens trahie par ce système qui ne valorise pas ton véritable toi, mais aussi par toi-même pour avoir suivi ce chemin.

Lorsque j'ai compris et dénoué ce mécanisme, ça a été très culpabilisant pour moi. Si tu ressens la même chose à ce stade de la lecture, je t'invite à prendre une pause.

Accueille tes émotions et alchimise à nouveau ta culpabilité ou toute autre émotion qui pourrait surgir en toi. Mon intention à travers ce livre est de t'aider à mieux découvrir ton fonctionnement intérieur, à te reconnecter à ta vérité, et à te libérer des schémas qui te retiennent dans une spirale de dévalorisation de toi-même.

J'aimerais aussi te rassurer en soulignant que ce fonctionnement n'est pas apparu de nulle part. Il nous a été en partie transmis par les générations précédentes, qui ont souvent fonctionné ainsi par survie.

La bonne nouvelle dans tout cela, c'est que maintenant que tu as pris conscience de ces mécanismes, tu peux commencer à les identifier et à les transformer en alchimisant.

Pour conclure ce chapitre, j'aimerais te montrer comment tout est étroitement relié, et à quel point chaque blessure peut se connecter aux autres, créant un schéma de trahison de soi.

T rahi
R ejet
A bandon
H umiliation
I njustice

Ces blessures ne sont pas isolées, elles s'entrelacent, se nourrissent mutuellement, et ensemble, elles créent un schéma qui t'éloigne de ton épanouissement personnel. Pourtant, en prenant conscience de ce mécanisme, tu peux commencer à dénouer ces liens et à alchimiser chaque aspect pour retrouver ta vérité et ton harmonie intérieure.

Protocole

Alchimisation

La trahison

Maintenant que tu as pris conscience de la trahison de soi et de ses effets sur ta vie, je te propose un protocole d'alchimisation pour te guider pas à pas dans ton processus de guérison intérieure.

Pour bien débuter

Commence par ces 2 mantras. Ils te guideront dans ce processus d'alchimisation et t'aideront à poser les bases pour transformer les émotions et les blessures que tu rencontres sur ton chemin.

« J'invite toutes les parts de moi qui se sentent trahies à se retourner dans l'étoile d'unité au cœur de moi-même. »

« J'invite toutes les parts de moi qui ont trahi à se retourner dans l'étoile d'unité au cœur de moi-même. »

Puis, alchimise tes émotions, tes sentiments, et la culpabilité qui surgissent face à la trahison, au fur et à mesure qu'ils apparaissent.

Pose-toi aussi les 2 questions suivantes :

- ♥ Que cela te fait-il d'être une traîtresse envers toi-même ?
- ♥ Comment vis-tu le fait d'être ton propre bourreau ?

Note tes réponses sur ton cahier de bord. Il est probable que la honte ou le dégoût de soi émergent rapidement. Accueille ces émotions sans jugement, puis alchimise-les pour les transformer en des ressources de guérison. Pour t'aider à mieux identifier les émotions reprend la liste de la page 272.

> **Ensuite tu vas alchimiser les différentes trahisons que tu as inscrites dans ton cahier de bord.**

Mantra

« J'invite toutes les parts de moi qui … à se retourner dans l'étoile d'unité au cœur de moi-même. »

(Remplace les … par la trahison que tu souhaites alchimiser.)

<u>Exemples :</u>

« J'invite toutes les parts de moi qui disent oui lorsqu'elles pensent non à se retourner dans l'étoile d'unité au cœur de moi-même. »

Tu peux alterner avec cette formulation

« J'invite toutes les parts de moi qui ont dit oui lorsqu'elles pensaient non à se retourner dans l'étoile d'unité au cœur de moi-même. »

Introspection

Prends l'habitude de fermer les yeux pendant que tu pratiques l'alchimisation, surtout au début. Cette démarche t'aidera à mieux ressentir ce qui se passe dans ton corps.

Concentre-toi sur tes émotions et écoute attentivement tes pensées.

Note tes ressentis et observations dans ton cahier de bord, puis alchimise-les.

Remarques

Ne t'inquiète pas si tu ressens plusieurs états d'être intérieur ou si tu perçois plusieurs blessures remontant en même temps. Cela signifie simplement que tu es prête à les affronter et à les transformer. Tu peux les alchimiser à ta convenance.

LA CHECKLIST

- [ ] La trahison
- [ ] Le rejet
- [ ] L'abandon
- [ ] La honte
- [ ] L'humiliation
- [ ] L'injustice
- [ ] La victime
- [ ] Le dégoût de soi
- [ ] La culpabilité
- [ ] La traitresse
- [ ] L'autodestruction
- [ ] En souffrances

Tu peux enrichir ton alchimisation sur la thématique de la trahison en utilisant la checklist ci-dessus. C'est un récap des points abordés dans ce chapitre.

Au fur et à mesure que tu pratiques, tu vas ressentir intérieurement la déconstruction de ce schéma profondément ancré, qui non seulement t'empêche de vivre l'heureusité, mais qui érode aussi ta confiance en toi, ton estime de toi-même et ta capacité à t'aimer pleinement.

Continue de noter dans ton cahier de bord tout ce que tu vis et découvres au fil de ce processus.

119

Pour un bon dégrossissement, je te conseille de consacrer 15 minutes par jour, pendant 21 jours, à l'alchimisation en lien avec la trahison. N'hésite pas à y ajouter les émotions qui pourraient remonter durant ce processus.

Sache cependant que tu reviendras régulièrement sur ces blessures et que tu apprendras à naviguer entre elles, en les reliant aux émotions et aux besoins que nous aborderons dans le prochain chapitre.

Tes besoins

Après avoir exploré les émotions et les blessures qui nous retiennent dans des schémas de trahison de soi, il est temps de se pencher sur un autre aspect fondamental de notre être : les besoins.

Aujourd'hui, de manière largement inconsciente, notre humanité repose encore sur des bases de survie. Abraham Maslow, à travers sa célèbre pyramide des besoins, a révélé une hiérarchie qui commence par les besoins les plus élémentaires, tels que la nourriture, le logement et la sécurité. Notre société, nos institutions, nos systèmes éducatifs : tous s'inscrivent dans cette même logique de survie... et même toi.
Cette logique s'est profondément inscrite en nous, façonnant nos pensées, nos actions, notre façon d'être au monde. Nous suivons ce schéma, marqué au fer rouge dans notre génétique, sans même nous en rendre compte.

Besoin de s'accomplir

Besoin d'estime de soi

Besoin sociaux

Besoins de sécurité

Besoins physiologiques

Lorsqu'on regarde de plus près ce modèle, nous réalisons alors que l'amour de soi, la confiance en soi, l'estime de soi – toutes ces dimensions essentielles à notre épanouissement – sont reléguées au second plan ; écrasées sous le poids de la peur de manquer et de l'incertitude de notre avenir. Dans ce modèle, l'épanouissement semble hors de portée, entravé par la peur de l'avenir et le conformisme.

Maintenant que tu en es consciente, sache qu'il ne tient qu'à toi de ne plus suivre cette autoroute bien tracée. Si tu veux réellement t'épanouir, tu devras créer un nouveau modèle intérieur et devenir l'alchimiste de ton propre bonheur !

Dans la suite de ce chapitre, je vais te détailler comment y parvenir.

Le retournement

Pour bien comprendre mes mots, je te propose de vivre une petite expérience.

Installe-toi confortablement dans un endroit où tu te sens à l'aise et en sécurité. Tu peux mettre de la musique douce, ou écouter *Imagine* de John Lennon. Allume une bougie, prends un plaid ou un coussin contre toi, et respire profondément pour te détendre. Lorsque tu te sens apaisée et bien, ...

Imagine-toi confiante, épanouie, bien dans ta vie et dans ton corps.
Prends tout le temps qu'il te faut, mais laisse-toi imaginer, ferme les yeux...

et ressens ce qu'il se passe en toi !

Tu sens cette force naturelle qui t'anime, cette énergie de vie, cette force du vivant qui est aussi l'énergie créatrice, capable de déplacer des montagnes.

Tu réalises, presque instinctivement, que tu connais le chemin à suivre, même s'il n'existe pas encore. Tu ressens cette force en toi qui te permet d'avancer droit devant, avec détermination et clarté.

C'est certain, une personne épanouie attirera à elle des opportunités enrichissantes. Elle exprimera son talent unique et manifestera naturellement l'abondance dans sa vie.

C'est dans ce besoin intrinsèque d'épanouissement personnel et d'amour de soi que se trouve la clé du changement. Avec des fondations solides basées sur tes capacités, tes valeurs et ton bien-être, tu vas créer des liens et attirer à toi ce qui te correspond vraiment. Une personne rayonnante attire naturellement les autres, et ainsi, tu verras apparaître des opportunités professionnelles, des activités et des passions qui te rapporteront financièrement. Cela assurera ta sécurité matérielle tout en répondant à tes besoins physiologiques. **Voilà pourquoi tu dois inverser cette pyramide : enclencher dans ton ADN un nouveau programme intérieur qui place ton épanouissement personnel à la base de tes fondations**, plutôt qu'au sommet, et tout le reste suivra.

corps

la sécurité et l'argent

Créer des liens entre toi et toi-même

T'aimer toi même Reconnaitre ta propre valeur

Besoin de s'accomplir

J'entends déjà les questionnements qui surgissent :

"Mais comment ?"

Ne t'inquiète pas, l'alchimisation va te permettre de vivre naturellement ce retournement. Je trouvais cependant important de t'apporter une certaine compréhension de tes constructions inconscientes et du fonctionnement de notre société.

oups... je crois qu'il y a un petit problème... ça doit pas être comme ça qu'on fait pour se retourner.

Pour bien comprendre cette subtilité je te conseille de prendre le temps (20 minutes) pour écouter ce TDEx

https://youtu.be/NgqV4J1HoOU?si=eEQD8l A3wstTYDKQ

Trouver sa trajectoire dans un monde incertain

Paul Dewandre

Scanne-moi avec l'appareil photo de ton téléphone portable !

Je tiens à te le dire clairement : lire ce livre ne suffira pas. Ce chemin vers l'heureusité exige bien plus que des mots. Il demande

- ♥ De la pratique
- ♥ Du temps
- ♥ Et de la persévérance

Je sais que cela peut sembler difficile, mais tu peux y arriver, car moi aussi, j'ai traversé ce processus. Ce que je partage ici, ce sont mes expériences, mes découvertes, et les outils qui m'ont aidée à transformer ma vie. Dans un monde où l'on n'a plus la patience d'attendre, où l'on veut tout tout de suite, tu vas devoir renouer avec la persévérance et la détermination. Sache que la véritable différence ne viendra pas seulement de ces pages, elle viendra de toi.

La méthode est simple et puissante, mais sans ta pleine implication, elle restera théorique. Si tu abandonnes en chemin, la seule personne qui en souffrira sera toi. J'ai mis plus de huit ans à peaufiner cette pratique d'alchimisation, et je peux te garantir qu'elle t'apportera des résultats si tu t'y engages pleinement.

L'alchimisation est un processus continu, un voyage vers l'inconnu de ton propre être. Peut-être que tu iras plus vite que moi, mais n'attends pas que deux mois de pratique suffisent pour tout changer.

En alchimisant tes besoins, tu vas commencer à identifier et à unifier toutes les parties de toi qui ont été **façonnées par des schémas de survie.** Petit à petit, tu inverseras cette pyramide, et tu trouveras en toi un équilibre et une plénitude profonde, bâtis sur ton épanouissement personnel.

Visite guidée de la pyramide

Avant de pouvoir inverser la pyramide de Maslow, et de naviguer au cœur de l'alchimisation de tes besoins, il est essentiel d'identifier le modèle sur lequel nous avons construit nos vies.

Ces besoins forment les fondations de qui tu es, et pour amorcer une véritable transformation, il est nécessaire de les comprendre en profondeur.

Dans ce sous-chapitre, je vais te guider à travers les différents niveaux de la pyramide de Maslow. Cela te permettra de mieux saisir comment les besoins influencent ton comportement, tes décisions et ta relation avec toi-même.

En prenant conscience de ces mécanismes, le changement pourra déjà commencer. Ton système interne de croyances va se mettre à jour et évoluer naturellement, te conduisant petit à petit vers une vie plus alignée avec ton épanouissement personnel.

Besoins physiologiques

Les besoins physiologiques sont les besoins essentiels au bon fonctionnement de notre corps humain. Ils incluent :

- ♥ Besoin de nourriture saine
- ♥ Besoin d'eau potable
- ♥ Besoin de sommeil réparateur
- ♥ Besoin d'air pur
- ♥ Besoin de digérer pour éliminer
- ♥ Besoin de température corporelle régulée
- ♥ Besoin de mouvement
- ♥ Besoin de repos pour se régénérer

Ces besoins sont essentiels pour maintenir notre santé physique et notre bien-être global. Selon le modèle de Maslow, ils devraient former les fondations de notre existence. Pourtant, dans notre société moderne, ces besoins fondamentaux sont souvent négligés.

- Les habitudes alimentaires se détériorent
- Le stress est omniprésent
- La sédentarité est devenue monnaie courante.
- Le sommeil est de plus en plus perturbé par les écrans et les rythmes de vie irréguliers
- L'accès à de l'air pur est compromis par la pollution croissante, notamment dans les grandes villes
- La digestion est affectée par des régimes alimentaires déséquilibrés et la consommation d'aliments transformés
- Le manque de repos est exacerbé par des journées de travail longues et des pressions constantes, laissant peu de temps pour la régénération
- Le mouvement est souvent réduit à cause du temps passé devant des écrans ou des bureaux, contribuant à l'augmentation des problèmes de santé liés à l'inactivité

➢ La température corporelle est parfois mal régulée dans des environnements contrôlés artificiellement, comme les bureaux climatisés ou surchauffés

En conséquence, peu de gens parviennent à satisfaire pleinement les besoins de leur corps. Ce déséquilibre affecte non seulement notre santé physique, mais aussi notre moral et notre capacité à nous épanouir. Il est également crucial de reconnaître que l'accès à une alimentation saine et aux soins de santé dépend souvent des ressources financières. Aujourd'hui, de plus en plus de personnes éprouvent des difficultés à satisfaire ces besoins fondamentaux.

Et que faut-il pour améliorer ses propres ressources ?

1. Prendre conscience de sa propre valeur
2. Renforcer son estime de soi
3. Être en santé

Résultat : nous tombons dans un cercle vicieux ! Le manque d'argent limite la satisfaction de nos besoins fondamentaux, ce qui affaiblit notre estime de soi, nous tirant vers le bas et nous éloignant de notre épanouissement personnel. C'est pourquoi inverser cette pyramide est crucial. En plaçant l'épanouissement personnel et l'amour de soi au centre de notre vie, nous pouvons briser ce cycle.

En renforçant notre estime de soi, nous posons des bases solides pour répondre à nos besoins physiologiques de manière équilibrée et consciente.

Besoins de sécurité

Le besoin de sécurité englobe plusieurs dimensions essentielles pour qu'un individu se sente en sécurité et stable dans sa vie.

Voici les principaux aspects de ce besoin :

- ♥ Sécurité physique
- ♥ Sécurité financière

- ♥ Sécurité émotionnelle
- ♥ Sécurité sociale
- ♥ Sécurité professionnelle

Comme tu peux le voir, la sécurité touche à différents domaines de notre vie, chacun contribuant à notre sentiment de stabilité, de confort et de bien-être.

Tu peux facilement imaginer que, dans le contexte actuel, et en tenant compte de ce que nous avons déjà abordé sur les besoins physiologiques, nous retombons ici dans une spirale descendante.

Selon ce modèle, sans un emploi stable, un compte bancaire confortable, et un environnement émotionnel apaisé et sécurisé (sans guerre, sans pandémie, sans drames), il devient difficile, voire impossible, de s'aimer pleinement, de développer la confiance en soi et de connaître le bonheur. Le pire dans tout cela, c'est que sans emploi, il n'y a pas d'argent, ce qui nous amène directement à la case départ.

Ce cycle répétitif nous empêche lui aussi de sortir de la survie pour entrer dans l'épanouissement. Cette spirale descendante nous maintient dans un état d'insécurité constant, nous éloignant encore davantage de la possibilité de véritablement nous épanouir et de vivre dans l'heureusité.

Besoins sociaux

Les besoins sociaux sont des besoins qui touchent aux interactions avec les autres.

Ces besoins comprennent :

- ♥ Le besoin d'appartenance
- ♥ Le besoin d'affection et d'amour
- ♥ Le besoin de relations sociales
- ♥ Le besoin d'estime sociale
- ♥ Le besoin d'affiliation

Comme tu peux le voir, les besoins sociaux sont avant tout des besoins tournés vers les autres. Et c'est là que réside le problème car nous cherchons souvent à satisfaire ces besoins à travers le regard des autres, plutôt que de les combler par nous-mêmes. Cela nous amène à trahir notre authenticité pour obtenir cette validation extérieure, que ce soit en jouant des rôles ou en nous conformant aux attentes sociales.

Comme déjà abordé dans le chapitre précédent, tu as compris maintenant que la trahison de soi crée un cercle infernal d'autodestruction.

À force de chercher cette validation de manière superficielle, tu te retrouves à t'accrocher à des relations qui ne sont pas toujours authentiques.

L'antidote à tous ces schémas destructeurs c'est de t'offrir à toi-même ce que tu cherches à travers les autres :

- ➢ Amour
- ➢ Estime
- ➢ Reconnaissance
- ➢ Respect

➤ Acceptation

Lorsque tu apprends à combler les besoins d'estime de toi-même, par toi-même, tu n'as plus à dépendre des autres pour valider ton existence. En te reconnectant à toi-même et en te libérant des mécanismes mis en place pour répondre à tes besoins sociaux, tu bâtis une base solide sur laquelle tes relations sociales deviennent plus authentiques et nourrissantes, sans dépendance affective. Ainsi, tes relations s'alignent naturellement avec ta véritable essence, et tu cesses de chercher à exister uniquement dans les yeux des autres.

Je ne vais pas développer spécifiquement les besoins d'estime de soi, car comme tu as pu le voir je l'ai fait indirectement avec les besoins sociaux qui sont clairement liés.

Besoins d'accomplissement

Le besoin d'accomplissement est ce désir inné de réaliser ton plein potentiel, de développer tes talents et compétences, et de t'épanouir pleinement en tant qu'individu.

Voici quelques exemples de ces besoins :

- ♥ Besoin de réaliser ton plein potentiel
- ♥ Besoin d'autonomie et d'indépendance
- ♥ Besoin de contribuer au bien-être des autres
- ♥ Besoin de laisser une empreinte positive sur la planète
- ♥ Besoin de développer tes capacités innées, tes talents et compétences
- ♥ Besoin de paix et de joie
- ♥ Besoin d'épanouissement personnel

En résumé, le besoin d'accomplissement représente ce désir profond de s'épanouir pleinement et de contribuer de manière significative au bien-être de soi-même et des autres. C'est un aspect essentiel de la motivation humaine : la quête du bonheur et de la réalisation de soi.

À ce stade, il devient évident de comprendre pourquoi notre société va si mal, et pourquoi si peu de personnes parviennent à satisfaire leurs besoins d'accomplissement.

Finalement comment pourrait-on atteindre un état d'heureusité ? le modèle sur lequel nous nous sommes construites nous nivelle par le bas.

Il n'est pas surprenant que tant de gens ressentent un vide intérieur, cherchant désespérément à combler ce manque sans jamais y parvenir réellement.

Construire ton bonheur, un choix conscient...

La pyramide de Maslow reflète fidèlement la façon dont notre monde fonctionne. Nous évoluons avec ce programme interne, souvent sans en être pleinement conscientes. Mais cela ne signifie pas que c'est une fatalité. Si le modèle sur lequel tu t'es construite ne te convient plus, **il t'appartient de le changer.** Cela demandera du temps et de la persévérance, mais en tant que gardienne de ton bonheur, c'est à toi de prendre les rênes et de sortir de la posture de victime.

Aujourd'hui, je me sens épanouie, heureuse et chanceuse. Chaque matin, je me réveille avec de la joie dans le cœur, et chaque soir, cette joie m'accompagne encore lorsque je me couche. Mais cette joie n'est pas le fruit du hasard. J'ai choisi de créer ma vie ainsi, en acceptant que le changement devait venir de moi. Certains diraient : "Quelle chance tu as !" Mais l'heureusité n'est pas une question de chance.

> *J'ai décidé de me donner les moyens de vivre dans l'heureusité en affrontant ce qui n'allait pas en moi.*

Est-ce que je suis encore parfois contrariée ou déconnectée de moi-même ?

Absolument. Pas plus tard qu'hier, j'ai vécu une tempête émotionnelle après une interaction difficile avec la vétérinaire de mon chat. Je me suis sentie jugée, rabaissée, et mes besoins n'ont pas été respectés. C'était un véritable tsunami émotionnel. Mais une fois la vague passée, j'ai pris le temps d'alchimiser tout cela, de laisser remonter les vieilles mémoires pour que le processus de transformation puisse s'opérer.

Cela demande du courage d'affronter ce qui se passe en soi, de ne pas fuir ses peurs et ses angoisses. Mais je t'encourage à oser emprunter un chemin différent et à rompre avec les anciens schémas ancrés en toi. Parfois, il est plus facile de se plaindre du système que de devenir l'alchimiste capable de dire :

"Chouette, je vais pouvoir me réajuster et transformer mes failles."

Je ne veux pas te vendre du rêve. Tu vas devoir apprendre à te responsabiliser et accepter de sortir de l'état de victimisation.

Je tiens à être honnête :

Oui, il est possible de vivre ce retournement, mais cela prendra du temps et te demandera de la persévérance.

Tu connaîtras des hauts et des bas, tout comme moi. Mais l'important est de faire le premier pas. Et même si, à un moment donné, tu t'arrêtes, ce n'est pas grave. Tu pourras toujours refaire un nouveau premier pas et repartir.

Protocole

Alchimisation

Tes besoins

Pour t'aider au mieux, Je t'ai fait une **checklist de toutes les alchimisations à effectuer.** (Elle se trouve à partir de la page 150.)

Je tiens vraiment à attirer ton attention sur la manière dont tout commence à s'imbriquer. N'hésite pas à naviguer entre ces différents aspects selon tes besoins et ton ressenti.

Je te conseille tout de même de pratiquer spécifiquement **l'alchimisation des besoins durant 21 jours**, afin de dégrossir ce processus et d'observer ce que cela produit en toi. Cette pratique régulière te permettra de mieux comprendre les effets de l'alchimisation et d'intégrer ces transformations de manière plus profonde.

Mantra d'alchimisation

> *« J'invite toutes les parts de moi qui ont besoin …*
> *à se retourner dans l'étoile d'unité au cœur de moi-*
> *même. »*

Exemples :

> *« J'invite toutes les parts de moi qui ont besoin de nourriture saine à se retourner dans l'étoile d'unité au cœur de moi-même. »*

> *« J'invite toutes les parts de moi qui ont besoin de manger à se retourner dans l'étoile d'unité au cœur de moi-même. »*

> *« J'invite toutes les parts de moi qui ont un besoin de nourriture saine et qui sont affamées, voraces,*

ayant vécu la famine, manquant de nourriture, malnu-
tries à se retourner dans l'étoile d'unité au cœur de
moi-même. »

Remarques

En alchimisant **tous tes besoins,** même si certains ne te concernent pas directement, tu pourras nettoyer des mémoires et des traumatismes transgénération-nels, ou encore des blessures liées à ton âme, que tu portais inconsciemment. Pour reprendre l'exemple du besoin de te nourrir, cela va t'amener à traiter par la même occasion les mémoires de famines et de mal-nutritions inscrites en toi.

C'est pour cela que je te conseille vraiment de suivre la checklist qui suit et de tous les faire durant 21 jours. Tu peux regrouper les besoins et vraiment t'amuser avec les mantras.

Et surtout n'oublie pas ton carnet de bord !

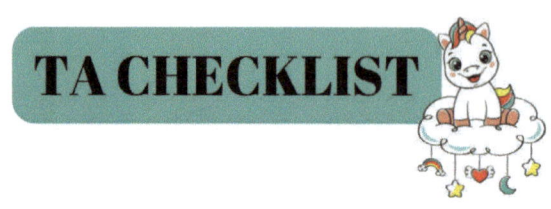

Les besoins physiologiques

- ○ **Besoin de nourriture saine** : affamée, vorace, ayant vécu la famine, manquant de nourriture, malnutrie
- ○ **Besoin d'eau potable** : assoiffée, déshydratée, ayant souffert de la soif, en manque d'eau
- ○ **Besoin de sommeil réparateur** : épuisée, exténuée, insomniaque, manquant de repos, fatiguée
- ○ **Besoin d'air pur** : essoufflée, étouffée, oppressée, en manque d'oxygène, agressée par les ondes, polluée
- ○ **Besoin de température corporelle régulée** : frigorifiée, transie, surchauffée, accablée par la chaleur
- ○ **Besoin de mouvement** : engourdie, léthargique, ankylosée, inactive, immobilisée
- ○ **Besoin de repos pour se régénérer** : apaisée, régénérée, épuisée, en manque de récupération, fatiguée

Les besoins de sécurité

- **Besoin de sécurité physique :** menacée, vulnérable, en danger, agressée, non protégée
- **Besoin de sécurité financière :** appauvrie, endettée, précarisée, sans ressources, insécurisée financièrement
- **Besoin de sécurité émotionnelle :** anxieuse, instable, troublée, bouleversée, fragilisée
- **Besoin de sécurité sociale :** isolée, rejetée, ostracisée, sans soutien, marginalisée
- **Besoin de sécurité professionnelle :** précaire, sans emploi, incertaine, sans stabilité, non reconnue

Les besoins de liens sociaux

- **Besoin d'appartenance :** exclue, isolée, seule, déconnectée, rejetée
- **Besoin d'affection et d'amour :** non aimée, abandonnée, ignorée, en manque d'affection, non désirée, d'être aimée, d'être soutenue
- **Besoin de relations sociales :** solitaire, sans réseau, coupée des autres, marginalisée, délaissée, besoin d'ami,
- **Besoin d'estime sociale :** dévalorisée, méprisée, non reconnue, négligée, sans importance
- **Besoin d'affiliation :** détachée, sans groupe, désolidarisée, sans attache, marginalisée

Les besoins d'estime de soi

- ○ **Besoin de se reconnaître** : méconnue, effacée, ignorée, non identifiée, dévalorisée
- ○ **Besoin d'avoir confiance en soi** : hésitante, incertaine, doutant de soi, timide, apeurée
- ○ **Besoin de s'accepter** : rejetée intérieurement, en conflit avec soi-même, insatisfaite de soi, auto-critique, mal dans sa peau
- ○ **Besoin de s'estimer** : sous-estimée, dépréciée, dévalorisée, sans valeur, sans mérite
- ○ **Besoin de s'aimer** : détestée, en manque d'amour-propre, négligée, mal aimée, en conflit avec soi-même

Les besoins d'accomplissement de soi

- ○ **Besoin de réaliser son plein potentiel** : limitée, freinée, sous-exploitée, bridée, étouffée
- ○ **Besoin d'autonomie et d'indépendance** : dépendante, contrôlée, assistée, entravée, non libre
- ○ **Besoin de contribuer aux autres** : inutile, insignifiante, non impactante, non reconnue, isolée
- ○ **Besoin de laisser une empreinte positive sur la planète** : oubliée, effacée, sans influence, non impliquée, passive

- o **Besoin de développer ses talents et compétences** : stagnante, sous-estimée, non exploitée, non encouragée, limitée
- o **Besoin de paix et de joie** : agitée, anxieuse, troublée, malheureuse, déséquilibrée
- o **Besoin d'épanouissement personnel** : frustrée, non accomplie, insatisfaite, vide, bloquée

Tes croyances limitantes

Tu as sans doute remarqué, tout au long de ta lecture, à quel point tes besoins influencent chaque aspect de ta vie. Lorsque certains de tes besoins ne sont pas pleinement comblés, des croyances peuvent se former, sans que tu en aies vraiment conscience. Elles te font croire que tu n'es peut-être pas légitime, pas assez bien, ou que certaines choses ne sont tout simplement pas pour toi. **Mais en réalité, ces croyances ne sont que le reflet des besoins non nourris en toi.**

C'est à ce stade que nous allons plonger dans l'univers des croyances. Ces petites voix qui, parfois, te maintiennent dans des schémas anciens et te retiennent d'aller vers ton plein épanouissement. Elles peuvent aussi être véhiculées par un collectif qui n'est plus aligné avec la femme que tu es devenue. Finalement, tu verras que des croyances limitantes peuvent exister vis-à-vis de toi-même, mais aussi dans tous les aspects de la vie, et cela de façon inconsciente.

Croyance limitante : définition

Les croyances limitantes sont des convictions, des idées ou même des certitudes profondément ancrées en toi, qui restreignent :

- ♥ Ta perception de toi-même
- ♥ Des autres
- ♥ Du monde qui t'entoure

Elles agissent comme des filtres qui modulent tes pensées, tes émotions, et tes actions, bloquant ainsi ton plein potentiel.

Ces croyances peuvent être issues :

- ♥ De ton éducation
- ♥ De tes expériences passées
- ♥ De la culture
- ♥ De tes interactions sociales
- ♥ De ton héritage génétique
- ♥ Des rôles ou attentes que d'autres ont projetés sur toi

Les croyances limitantes se manifestent souvent par des pensées auto-dépréciatives telles que :

- ♥ Je suis nulle
- ♥ Je n'y arriverai jamais
- ♥ Je ne mérite pas d'être aimée
- ♥ Je dois être parfaite pour être aimée
- ♥ Je ne suis pas à la hauteur

Ces croyances te maintiennent dans une faible estime de toi-même, entravant ton amour de toi, ta confiance en toi, ton image de toi et la perception de ta propre valeur.

Elles ne se limitent pas seulement à la perception de soi, mais touchent aussi des aspects plus larges de la vie, comme l'abondance, l'amour, le mariage, les relations, l'argent, et bien plus encore. Je suis sûre que tu as déjà entendu certaines d'entre elles :

- ♥ La vie, c'est dur
- ♥ L'argent crée des soucis
- ♥ On ne peut pas tout avoir dans la vie
- ♥ Le bonheur, c'est pour les autres

♥ L'amour fait toujours souffrir

Ces croyances sont souvent enracinées depuis l'enfance, influencées par les messages que tu as reçus.

- ♥ De tes parents
- ♥ De tes enseignants
- ♥ De la société
- ♥ De ton entourage et de ton environnement social
- ♥ Des médias et des contenus culturels

Elles ont un impact profond sur ton existence, agissant comme des programmes internes sur lesquels tu bâtis ta vie et prends tes décisions.

Que ce soit au niveau conscient ou inconscient, tu les perçois comme vraies, et elles guident tes actions en conséquence.

Cela limite ton plein potentiel, ta capacité à te dépasser et à créer la vie dont tu rêves.

Elles te maintiennent dans des schémas de comportement répétitifs et limitants, te poussant à douter de toi-même, de la vie et des autres.

Une croyance limitante est comme un virus invisible dans ton système interne, infectant tes pensées, tes comportements, et entravant ton potentiel, jusqu'à ce que tu prennes conscience de son existence et que tu la supprimes.

Un changement possible...

Imagine que ton esprit fonctionne un peu comme un ordinateur. Tout au long de ta vie, des programmes, des croyances, ont été installés en toi, parfois sans que tu t'en rendes compte. Ces croyances limitantes agissent comme des logiciels obsolètes, qui freinent ton fonctionnement optimal.

Mais voici la bonne nouvelle :

Tout comme un ordinateur, tu peux choisir de "deleter" ces croyances et les remplacer par de nouvelles idées plus alignées avec qui tu es aujourd'hui.

Ce processus de changement demande avant tout d'accepter que ce que tu savais hier ne te sert peut-être plus aujourd'hui. Ce que tu as cru pendant des années peut désormais évoluer.

Quand tu réalises qu'une croyance limitante ne correspond plus à la femme que tu es en train de devenir, tu peux décider de la désinstaller. C'est comme faire une mise à jour intérieure. Tu ne dois pas rester prisonnière des anciens schémas : chaque croyance peut évoluer et se transformer à mesure que tu avances sur ton chemin.
C'est ce que nous allons faire ensemble !

Introspection...

Prends ton cahier de bord et commence à **lister toutes les croyances que tu as à propos de toi-même.** Laisse cette page ouverte, car au fil de ton introspection, de nouvelles croyances émergeront. Tu verras que plus tu exploreras, plus elles se révéleront à toi.

Pour t'aider à les dénicher, prête attention aux histoires que tu te racontes dans ta tête. Elles révèlent souvent les croyances les plus enracinées.

Je t'en ai listé quelques-unes en exemple :

- ♥ Je ne suis pas assez intelligente
- ♥ Je ne suis pas digne d'être aimée
- ♥ Je ne mérite pas le succès
- ♥ Je suis nulle, je n'y arriverai jamais
- ♥ Quelle conne je suis
- ♥ Je ne suis pas capable
- ♥ Je ne suis pas assez belle
- ♥ Je ne suis pas assez talentueuse
- ♥ Je suis trop vieille pour changer
- ♥ Je ne suis pas assez forte pour affronter les défis
- ♥ Je ne suis pas capable de réaliser mes rêves
- ♥ Je ne suis pas à la hauteur des attentes des autres
- ♥ Je suis destinée à échouer
- ♥ Je ne suis pas assez digne de respect

- ♥ Je suis condamnée à être seule
- ♥ Je ne suis pas légitime
- ♥ Je n'ai pas le droit
- ♥ Je ne peux pas faire confiance à mon intuition
- ♥ Je n'ai pas le droit de faire des erreurs
- ♥ Je suis trop vieille/trop jeune pour changer ma vie
- ♥ Je ne suis pas douée pour parler en public
- ♥ Je ne suis pas assez jolie
- ♥ Je suis incapable de réussir quoi que ce soit
- ♥ Je suis trop timide pour m'exprimer

Ces croyances limitantes sont souvent intériorisées et influencent la manière dont tu te perçois et interagis avec le monde

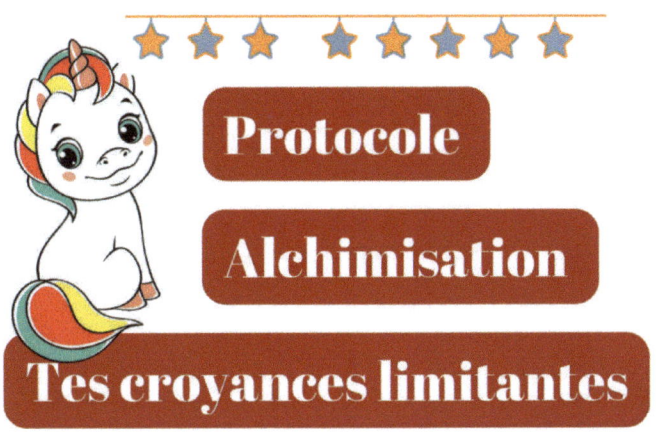

Protocole

Alchimisation

Tes croyances limitantes

L'alchimisation est une aide précieuse pour transformer tes croyances limitantes. Une fois que tu as identifié et listé celles-ci, tu pourras passer à l'action et apporter du renouveau dans ta relation à toi-même.

Mantra d'alchimisation

« J'invite toutes les parts de moi qui croient que …

à se retourner dans l'étoile d'unité au cœur de moi-

même. »

Exemple :

> « J'invite toutes les parts de moi qui croient que je
> ne mérite pas le bonheur à se retourner dans
> l'étoile d'unité au cœur de moi-même. »

Remarques

Il te reste maintenant à pratiquer. En les abordant progressivement :

- ♥ Tu commenceras à observer des changements dans ton attitude.
- ♥ Ta confiance en toi et ton estime de toi s'amélioreront, et tu verras ta vie se transformer.
- ♥ Tu te sentiras plus libre d'être toi-même et tu découvriras de nouvelles facettes de ton existence, pleines de couleurs.

En alchimisant tes croyances limitantes, il est probable que des émotions, ou tes trahisons fassent surface. Cela signifie que tu touches des racines profondes de ton être. Prends le temps de les accueillir et de les alchimiser également, car c'est ainsi que le nettoyage en profondeur se fait.

Au fil de ta transformation et de tes découvertes, de nouvelles croyances limitantes pourront surgir. Chaque fois, recommence le processus, et continue de progresser vers une version plus libre et épanouie de toi-même.

L'amour de soi le cœur de l'heureusité

Je ne peux pas te parler d'heureusité sans aborder la question essentielle de l'amour de soi. Ce concept est souvent mal compris, réduit à des gestes superficiels ou à des mots gentils. Mais l'amour de soi va bien au-delà de cela. C'est un engagement profond envers toi-même, une manière d'accueillir toutes tes facettes, même celles que tu trouves difficiles à accepter.

Nous avons déjà effleuré cette thématique en travaillant sur les besoins. Mais ici, nous allons aller plus loin, car avant d'arriver à une véritable acceptation de qui tu es, un travail intérieur est nécessaire. Il ne s'agit pas de vouloir changer qui tu es, mais plutôt de libérer les anciennes croyances, les jugements et les souffrances qui obscurcissent ton regard sur toi-même.

Alchimiser est un acte d'amour de soi profond. À travers le mantra, tu invites tes parts les plus sombres, celles qui se sentent blessées, en colère, ou qui se jugent durement, à revenir en leur centre. C'est une in-vitation pleine de douceur, un acte de réconciliation plutôt qu'un effort pour les changer. Il ne s'agit pas de dominer ou de supprimer ces parts de toi, mais de leur offrir un espace pour se gai-rire et se réintégrer dans l'harmonie de ton être.

En les accueillant avec bienveillance, tu te rapproches de cet état de paix intérieure qui est, à mon sens, le cœur de l'heureusité.

> *L'amour de soi, c'est cette capacité à te voir et à t'aimer pleinement, même lorsque certaines parties de toi semblent en conflit.*

Quand l'alchimisation devient le meilleur des Thé ...

Thé'couter

Thé'stimer

Thé'veiller

Thé'merveiller

T'aimer

Le changement et ses paradoxes

Le changement est souvent perçu comme une trans-formation active, un effort que nous faisons pour de-venir "meilleure" ou pour atteindre un objectif. Mais lorsqu'on parle d'amour de soi, le changement prend une autre dimension. En réalité, il ne s'agit plus de chercher à se changer ou à se corriger. Au contraire, l'amour de soi véritable consiste à s'accepter pleine-ment, telle que l'on est, sans la pression de devoir se modifier.

Et c'est là que réside le paradoxe !

C'est précisément dans cette acceptation totale de soi que le changement émerge naturellement. Il n'est plus forcé ni imposé de l'extérieur. Il se produit de l'intérieur, comme une réponse à l'harmonie que tu crées en toi.

Lorsque tu arrêtes

- ♥ De te battre contre toi-même
- ♥ De juger tes imperfections
- ♥ Ou de vouloir être différente

quelque chose de subtil mais puissant commence à se transformer.

En accueillant chaque facette de toi avec amour et bienveillance, tu libères des énergies stagnantes, et ce processus permet à l'évolution de se déployer.

Le changement véritable, celui qui apporte un sentiment de paix et de liberté, naît de cette acceptation profonde.

Il n'est plus motivé par

- ♥ La peur
- ♥ Le manque
- ♥ Ou le besoin de validation extérieure.

Au contraire, il découle d'un espace d'amour et de respect de soi, où chaque partie de toi a sa place.

En alchimisant tes croyances, tes émotions et tes blessures, tu ne te transformes pas pour devenir quelqu'un d'autre. Tu évolues pour révéler qui tu es réellement, sans les couches de jugements et de conditionnements qui t'avaient limité jusqu'alors. Ainsi, le changement n'est plus une destination à atteindre. Il devient un processus fluide et naturel, qui se manifeste à mesure que tu t'acceptes et t'aimes telle que tu es, ici et maintenant.

> **C'est dans cette acceptation que tu trouveras la clé de ta véritable transformation.**

C'est l'heure du bilan

Pour amorcer ce voyage vers l'amour de soi et l'heureusité, nous allons d'abord explorer ensemble tes sensibilités et tes croyances profondes. Cette étape est essentielle pour te fournir les clés nécessaires à ton processus d'alchimisation. Prends le temps de répondre aux questions suivantes avec honnêteté et sincérité.

Inscris tes réponses dans ton cahier de bord pour te guider tout au long de ce cheminement.

Bilan: Amour de toi-m'aime

Évalue-toi sur une échelle de 1 à 10, où 1 représente un niveau très bas et 10 un niveau très élevé. Note tes réponses dans ton cahier de bord et prends le temps de les revisiter régulièrement pour observer ton évolution.

- ♥ Estime de soi
- ♥ Amour de soi
- ♥ Acceptation de soi
- ♥ Bienveillance envers toi-même
- ♥ Tolérance envers toi-même
- ♥ Reconnaissance de tes compétences
- ♥ Reconnaissance de tes valeurs
- ♥ Reconnaissance de tes qualités
- ♥ Capacité à prendre des décisions
- ♥ Confiance en ton propre jugement
- ♥ Confiance en tes compétences
- ♥ Ton attitude vis-à-vis de ton corps
- ♥ Ton attitude vis-à-vis de toi en général
- ♥ Respect de tes pensées, de ton avis
- ♥ Respect de tes rêves et envies
- ♥ Capacité à accepter la nouveauté
- ♥ Capacité à reconnaître tes propres capacités et valeurs
- ♥ Capacité à t'affirmer face aux autres
- ♥ Capacité à te sentir digne de recevoir de l'amour et du soutien
- ♥ Ton rapport à l'échec et à la réussite

Bilan: Face à Face avec toi m'aime

Réponds aux questions suivantes et note tes réponses dans ton cahier de bord. Prends le temps de répondre avec sincérité, car ces questions sont essentielles pour explorer la relation que tu entretiens avec toi-même.

♥ Penses-tu que s'aimer soit égoïste ? Si oui, pourquoi ?
♥ Quels messages négatifs récurrents te répètes-tu à toi-même ?
♥ Aimes-tu ton corps ? Quelles parties de ton corps n'aimes-tu pas ?
♥ Quels aspects de ta personnalité n'aimes-tu pas ?
♥ Qu'aimerais-tu changer en toi ?
♥ De quoi as-tu honte ?
♥ Qu'est-ce qui te dégoûte chez toi ?
♥ Quels aspects de toi-même compares-tu aux autres ?
♥ Arrives-tu à dire non ?

- ♥ Écoutes-tu ton instinct ?
- ♥ Y a-t-il des choses que tu fais et que tu aimerais arrêter de faire ?
- ♥ As-tu peur du regard des autres ?
- ♥ Oses-tu exprimer ton avis, ton point de vue ?

Comme tu peux le voir, certains sujets reviennent à plusieurs reprises. C'est intentionnel, car je veux t'aider à les approfondir et à les examiner sous différents angles. Je sais à quel point cette étape peut être difficile, et que certaines émotions peuvent te nouer l'estomac. Si c'est ton cas, fais une pause et alchimise ce que tu ressens.

Je te conseille également de noter les titres des bilans dans ton cahier de bord, cela te permettra de t'y retrouver plus facilement au fil de ton cheminement.

Bilan: Bienveillance envers toi-même

Réponds aux questions suivantes et note tes réponses dans ton cahier de bord. Prends le temps de répondre avec douceur et sincérité.

- ♥ Prends-tu du temps pour toi-même ?
- ♥ Te fais-tu plaisir régulièrement ?
- ♥ Te dis-tu "je t'aime" ?
- ♥ Quels sont tes défauts et comment les perçois-tu ?
- ♥ Te complimentes-tu ?
- ♥ Te regardes-tu nue dans le miroir ? Si oui, que ressens-tu ?
- ♥ Prends-tu soin de toi (physiquement, émotionnellement, mentalement) ?
- ♥ Es-tu dépendante de quelque chose ? Si oui, de quoi ?
- ♥ Es-tu dépendante affective ?
- ♥ As-tu de la gratitude envers toi-même ?

- ♥ Poses-tu des limites claires dans ta vie ?

- ♥ Cherches-tu à plaire à tout le monde ?

- ♥ T'accordes-tu le droit de faire des erreurs ?

- ♥ Écoutes-tu ton corps quand il te signale qu'il a besoin de repos ?

- ♥ Te pardonnes-tu quand tu te trompes ?

- ♥ Te donnes-tu le droit de ne pas toujours être "parfaite" ?

- ♥ Acceptes-tu de recevoir de l'aide ou du soutien des autres ?

- ♥ Es-tu à l'écoute de tes propres besoins avant ceux des autres ?

- ♥ Es-tu capable de dire "non" sans te sentir coupable ?

- ♥ Te considères-tu comme ta meilleure amie ?

Prends un moment pour t'observer et écouter les pensées ou les critiques que tu formules à ton égard. Note-les dans ton cahier de bord. Je te propose quelques exemples ci-dessous, mais prends également le temps de noter celles qui émergent de ta propre observation.

Dans ce bilan, j'aimerais que tu ailles un peu plus loin que ce que tu as découvert dans le chapitre sur les croyances. Plonge également dans tes comportements : observe pourquoi tu agis de telle ou telle manière, et ce qui se cache derrière ces actions.

Que révèlent tes comportements sur les croyances plus profondes que tu portes en toi ?

- ♥ Si je m'aime trop, les autres penseront que je suis arrogante.
- ♥ Mes besoins ne sont pas aussi importants que ceux des autres.
- ♥ Je ne vaux rien.
- ♥ Je suis zéro.
- ♥ Je suis médiocre.
- ♥ Je n'y arriverai jamais.
- ♥ Je ne dois pas prendre trop de place.
- ♥ Je ne dois pas poser trop de questions.
- ♥ Quand on est maman, on doit se priver.
- ♥ Mes enfants passent en priorité.
- ♥ Les hommes ont toujours raison.
- ♥ L'amour est un signe de faiblesse.
- ♥ Je ne suis pas assez belle/intelligente pour être aimée.
- ♥ Je dois toujours être parfaite pour être acceptée.
- ♥ Je n'ai pas le droit de me tromper.
- ♥ Je ne mérite pas d'être heureuse.

- ♥ Je suis trop sensible, les gens n'aiment pas ça.
- ♥ Je dois faire plaisir aux autres pour être aimée.
- ♥ Je ne mérite pas de recevoir.
- ♥ Si je dis non, les autres vont m'abandonner.
- ♥ Les autres savent mieux que moi ce qui est bon pour moi.
- ♥ Je ne suis pas assez forte pour faire face à mes problèmes

Prends quelques jours pour observer ces interactions et note les comportements ou émotions qui se répètent dans tes relations avec les autres. Cela te permettra d'identifier les schémas récurrents et d'alchimiser les croyances et émotions qui y sont associées.

Bilan: Ta relation aux autres

Observer la manière dont tu interagis avec les autres peut révéler des croyances et des schémas qui influencent tes relations. Réponds aux questions suivantes et note tes réponses dans ton cahier de bord.

- ♥ As-tu tendance à te conformer aux attentes des autres pour être acceptée ?
- ♥ As-tu peur de dire ce que tu penses pour éviter les conflits ?
- ♥ Te sens-tu souvent jugée par les autres ?
- ♥ Est-ce que tu as l'impression que les autres ne te comprennent pas ?
- ♥ Te sens-tu inférieure ou supérieure aux autres dans certaines situations ?
- ♥ Es-tu à l'aise pour exprimer tes émotions dans tes relations ?
- ♥ Est-ce que tu te sens obligée de toujours aider les autres, même au détriment de tes propres besoins ?
- ♥ Te sens-tu rejetée quand on ne répond pas à tes attentes ou à tes besoins ?
- ♥ As-tu peur de l'abandon dans tes relations proches ?

- ♥ Cherches-tu souvent la validation extérieure pour te sentir bien ?
- ♥ Est-ce que tu culpabilises après avoir dit non ou posé une limite ?
- ♥ As-tu du mal à demander de l'aide ?
- ♥ Est-ce que tu ressens le besoin de "prouver" ta valeur aux autres ?
- ♥ As-tu l'impression que les autres te critiquent souvent ?
- ♥ Te sens-tu en insécurité dans certaines relations ?
- ♥ Est-ce que tu fais toujours passer les besoins des autres avant les tiens ?

Prends quelques jours pour observer ces interactions et note les comportements ou émotions qui se répètent dans tes relations avec les autres. Cela te permettra d'identifier les schémas récurrents et d'alchimiser les croyances et émotions qui y sont associées.

Il va bientôt être l'heure de passer à l'action

En parcourant ces bilans, tu as exploré plusieurs facettes de toi-même : tes pensées, tes croyances, tes besoins, tes relations et ta bienveillance envers toi-même. Ces étapes d'introspection sont essentielles pour prendre conscience de ce qui se joue en toi. Chaque question, chaque réflexion t'a permis de mettre en lumière des schémas, des croyances limitantes ou des aspects de toi-même que tu es prête à alchimiser.

Maintenant, il est temps de passer à l'action.
Le prochain pas de ce voyage sera d'alchimiser toutes ces croyances, émotions et schémas que tu as identifiés. Cela te permettra de te libérer de ce qui te limite, d'accueillir pleinement qui tu es et de laisser émerger la version la plus épanouie de toi-même. Prépare-toi à amorcer ce processus d'alchimisation avec bienveillance et douceur, car c'est ici que la véritable transformation intérieure débute.

Protocole

Alchimisation

Amour de toi-même

Reprends dans ton cahier de bord le Bilan Intérieur : Amour de Toi-m'aime. Identifie les thématiques où ta note n'atteint pas 10, puis **alchimise chacune de ces thématiques** en utilisant le mantra ci-dessous.

Pour t'aider, je te propose quelques débuts de tournure, mais je t'encourage à utiliser tes propres mots. Alchimise les parties de toi qui :

- ♥ Ne s'aiment pas
- ♥ Ne s'estiment pas
- ♥ Ne s'acceptent pas
- ♥ Manquent de bienveillance envers moi

- ♥ N'ont pas confiance
- ♥ Ne reconnaissent pas mes qualités
- ♥ N'acceptent pas ma valeur
- ♥ Sont dans le doute ou la peur

Mantra d'alchimisation

"J'invite toutes les parts de moi qui ... à se retourner dans l'étoile d'unité au cœur de moi-même."

Exemple :

"J'invite toutes les parts de moi qui ne s'aiment pas à se retourner dans l'étoile d'unité au cœur de moi-même."

Des émotions et des croyances, dont tu ignorais peut-être l'existence, pourraient remonter au cours de ce processus. Lorsque cela se produit, n'hésite pas à les alchimiser également.

Reprends dans ton cahier de bord le bilan : Face à face avec toi-m'aime que tu as déjà effectué. Alchimise toutes les thématiques où tu as répondu par "non" ou par une réponse concrète.

Pour t'aider, je te propose ci-dessous des exemples de tournures que tu pourras adapter à tes besoins.

- ♥ Pensent que s'aimer c'est égoïste
- ♥ Ne s'aiment pas
- ♥ Sont dégoûtées par une partie de moi
- ♥ N'écoutent pas mes besoins

- ♥ Sont honteuses
- ♥ S'autosabotent
- ♥ S'autoflagellent

Mantra d'alchimisation

"J'invite toutes les parts de moi qui ... à se retourner dans l'étoile d'unité au cœur de moi-même."

<u>Exemples :</u>

"J'invite toutes les parts de moi qui n'aiment pas mon corps à se retourner dans l'étoile d'unité au cœur de moi-même."

"J'invite toutes les parts de moi qui comparent avec les autres mon corps à se retourner dans l'étoile d'unité au cœur de moi-même."

Des émotions et de nouvelles croyances, parfois inconnues jusqu'à maintenant, pourraient apparaître au cours de ce processus. Accueille-les et alchimise-les au fur et à mesure.

Protocole

Alchimisation

Bienveillance avec toi-même

Reprends dans ton cahier de bord le bilan sur la bien-veillance que tu as déjà effectué. Alchimise toutes les thématiques où tu as répondu par "non". Pour t'aider, voici ci-dessous le mantra d'alchimisation, que tu peux adapter à tes besoins.

Pour t'aider, je te propose ci-dessous des exemples de tournures que tu pourras adapter à tes besoins.

- ♥ N'arrivent pas à prendre du temps pour soi
- ♥ N'arrivent pas à se faire plaisir
- ♥ N'arrivent pas à se dire "je t'aime"

- ♥ Sont (et citer le nom des défauts, nommer la dépendance)
- ♥ N'arrivent pas à se complimenter
- ♥ N'arrivent pas à se regarder nue dans le miroir
- ♥ N'arrivent pas à prendre soin de soi
- ♥ Sont dépendantes affectives
- ♥ N'arrivent pas à se gratifier
- ♥ N'arrivent pas à poser des limites
- ♥ Cherchent à plaire à tout le monde

<u>Mantra d'alchimisation :</u>

"J'invite toutes les parts de moi qui ... à se retourner dans l'étoile d'unité au cœur de moi-même."

<u>Exemples :</u>

"J'invite toutes les parts de moi qui n'arrivent pas à poser des limites à se retourner dans l'étoile d'unité au cœur de moi-même."

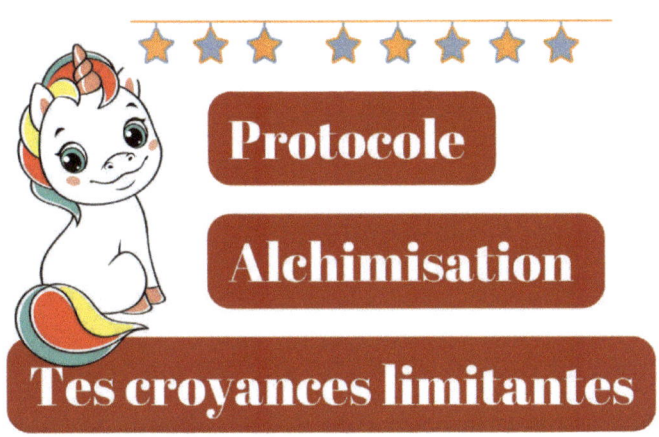

Protocole

Alchimisation

Tes croyances limitantes

Reprends dans ton cahier de bord le bilan sur tes pensées et croyances limitantes. Alchimise toutes les croyances que tu as identifiées. Pour t'aider, voici quelques exemples, mais je t'encourage à créer tes propres mantras avec tes croyances personnelles.

Pour t'aider, je te propose ci-dessous des exemples de tournures que tu pourras adapter à tes besoins.

- ♥ Pensent ne rien valoir
- ♥ Croient être zéro
- ♥ Croient être médiocre
- ♥ Pensent ne jamais y arriver

♥ S'interdisent de prendre leur place

<u>Mantra d'alchimisation :</u>

"J'invite toutes les parts de moi qui ... à se retourner dans l'étoile d'unité au cœur de moi-même."

<u>Exemple :</u>

« J'invite toutes les parts de moi qui croient que leurs besoins ne sont pas importants à se retourner dans l'étoile d'unité au cœur de moi-même. »

Des émotions et de nouvelles croyances dont tu ignorais l'existence peuvent apparaître au cours de ce processus. Accueille-les et alchimise-les avec bienveillance.

Protocole

Alchimisation

Ta relation avec les autres

Reprends dans ton cahier de bord le bilan sur ta relation avec les autres. Alchimise chaque fois que tu as répondu "oui" à une question. Pour t'aider, voici quelques exemples, mais je t'encourage à créer tes propres mantras adaptés à ta situation personnelle.

Pour t'aider, je te propose ci-dessous des exemples de tournures que tu pourras adapter à tes besoins.

- ♥ Se sentent souvent jugées par les autres
- ♥ Ne se sentent pas comprises par les autres
- ♥ Se sentent inférieures
- ♥ N'arrivent pas à exprimer ses émotions dans un relation

193

- ♥ Culpabilisent après avoir dit non ou posé une limite
- ♥ N'arrivent pas à demander de l'aide

Mantra d'alchimisation :

"J'invite toutes les parts de moi qui ... à se retourner dans l'étoile d'unité au cœur de moi-même."

Exemples :

« J'invite toutes les parts de moi qui se conforment aux attentes des autres pour être acceptée à se retourner dans l'étoile d'unité au cœur de moi-même. »

« J'invite toutes les parts de moi qui cherchent la validation extérieure pour se sentir bien à se retourner dans l'étoile d'unité au cœur de moi-même. »

Des émotions et de nouvelles croyances dont tu ignorais l'existence peuvent apparaître au cours de ce processus.
Accueille-les et alchimise-les avec bienveillance.

À retenir...

Cultiver l'amour de toi-même est un voyage qui demande du temps et de la persévérance. Je ne peux pas te dire combien de temps tu devras pratiquer, car cela dépend de ton propre cheminement. Fais-le aussi longtemps que nécessaire, en gardant confiance. Mets en place des routines quotidiennes de 15 minutes et n'hésite pas à alchimiser régulièrement dans ta journée, maintenant que tu connais le mantra par cœur.

Ce processus n'est pas facile, mais il est sans doute l'un des plus importants que tu puisses entreprendre dans ta vie. Être la gardienne de ton bien-être et pratiquer l'alchimisation est déjà un acte d'amour que tu te portes. L'amour de soi, c'est avant tout accueillir inconditionnellement toutes les parts de toi, y compris celles que tu juges sombres ou indésirables. C'est ainsi que le véritable changement opérera en toi, naturellement, sans forcer.

Le chemin vers l'amour de toi-même n'est pas linéaire. Il y aura des hauts et des bas : des jours où tu te sentiras forte et confiante, et d'autres où il te sera plus difficile de t'aimer. C'est tout à fait normal.

Ce qui compte, c'est de continuer à avancer, à persévérer, même lorsque cela semble difficile. En alchimisant tes émotions, croyances et comportements limitants, tu accueilles tout ce qui fait de toi une personne complète. C'est un véritable cadeau que tu te fais, car cela te permet de te libérer des fardeaux émotionnels qui te retiennent et de vivre plus pleinement, plus librement.

Abondance
financière

L'abondance financière est une thématique qui, lorsqu'elle est alignée avec ton bien-être, émerge naturellement du processus d'alchimisation. Elle découle d'un état intérieur où les vieux schémas de survie sont dépassés, permettant ainsi à la richesse de circuler librement dans ta vie.

Tout est lié :

- ♥ L'amour de soi
- ♥ L'épanouissement personnel
- ♥ Et même l'abondance financière

sont des éléments qui contribuent à l'heureusité.

Pour que l'abondance financière devienne un soutien à ton épanouissement et non une source d'angoisse, il est nécessaire de sortir des vieux schémas de survie qui te maintiennent dans la peur du manque et l'insécurité. Ces schémas, profondément ancrés dans notre société, limitent le flux d'abondance, que ce soit sur le plan matériel ou émotionnel.

L'heureusité, c'est vivre en harmonie avec soi-même, et cela inclut aussi **une relation apaisée avec l'argent.**

En alchimisant tes croyances et tes peurs liées à l'argent, tu ouvres la voie à une abondance financière qui ne repose plus sur la survie, mais sur la plénitude et l'équilibre que tu construis. Ainsi, l'argent devient un outil au service de ton bonheur, plutôt qu'une finalité.

Libérer le flux d'argent

> *L'abondance financière, comme toute forme d'abondance, ne se cherche pas, elle se vit.*

Elle découle naturellement de ton état intérieur et de la manière dont tu t'aimes. En cultivant l'amour de toi-même, tu permets à l'abondance de te traverser, d'entrer dans ton quotidien avec fluidité. Ce flux d'abondance, ne peut exister dans un environnement où règne la peur ou le manque. C'est pourquoi, avant d'ouvrir les portes à l'abondance financière, il est essentiel de travailler sur l'amour de soi, ainsi que sur tous les chapitres précédents.

Prenons un exemple simple : « **la peur de manquer.** » Cet état de peur va paralyser naturellement ton corps, le rendant rigide et tu ne peux que vibrer la peur et le manque. Il devient alors impossible de laisser circuler le flux d'abondance et de le rayonner. Comme nous l'avons vu avec l'écosystème corporel, tu attires ce que tu rayonnes. L'abondance, par nature, fait partie du mouvement de la vie, elle circule, elle respire. Si tu es figée et apathique, il est impossible de rayonner cet état d'abondance.

L'abondance ne se vit pas dans la tête. Bien que la loi de l'attraction enseigne souvent à se reprogrammer mentalement, cela peut fonctionner temporairement. Mais, au final, l'abondance véritable ne peut pas se manifester pleinement si elle reste un simple exercice mental. L'abondance se ressent dans le corps. C'est là, dans chaque sensation de bien-être, dans chaque souffle apaisé, que tu la vis vraiment. L'abondance traverse ton être, elle émane de toi parce que tu es en harmonie avec ce flux. Ce n'est pas un effort mental qui l'attire, mais un état de réceptivité profond. Tu ne peux pas forcer l'abondance à venir à toi par le mental seul, mais tu peux t'ouvrir à elle, et laisser ce flux te traverser naturellement, en accord avec ton corps et tes ressentis.

Dans ce chapitre, nous allons explorer les croyances spécifiques et schémas en lien avec l'abondance financière et l'argent qui, souvent inconsciemment, bloquent ce flux.

Comme pour les bilans précédents, prends ton cahier de bord et note toutes les croyances limitantes et pensées négatives que tu as sur l'argent. Pense à bien inscrire un titre à ton listing afin de pouvoir t'y retrouver facilement lorsque je te donnerai le protocole d'alchimisation à la fin de ce chapitre.

Certaines croyances limitantes sur l'argent peuvent avoir un **double sens**. En apparence, elles peuvent sembler "vraies" ou même logiques, mais elles cachent souvent un conditionnement inconscient qui te bloque.

Par exemple : **L'argent ne tombe pas du ciel"** : Cette phrase peut sembler réaliste, mais elle sous-entend aussi que gagner de l'argent doit forcément être difficile et demande des efforts colossaux. Cela peut inconsciemment te pousser à surtravailler ou à refuser des opportunités simples et fluides.

L'argent est sale : En apparence, cela peut sembler littéral, car les billets de banque et les pièces sont physiquement porteurs de saleté et de microbes. Mais inconsciemment, cette croyance peut te faire associer l'argent à quelque chose de négatif, d'impur, ou de non désirable, ce qui crée une résistance à le recevoir ou à l'accepter pleinement.

Prends le temps d'observer ces croyances et demande-toi ce qu'elles symbolisent pour toi. Derrière une apparente évidence peut se cacher une peur, une résistance ou une vérité inconsciente à alchimiser.

Je te propose quelques exemples ci-dessous pour t'aider à démarrer :

- ♥ L'argent rend folle
- ♥ L'argent, c'est mal

- ♥ L'argent ne tombe pas du ciel
- ♥ L'argent n'a pas d'odeur
- ♥ L'argent, c'est le nerf de la guerre
- ♥ Je suis dépensière
- ♥ Plus je donne, plus je reçois
- ♥ L'argent ne pousse pas sur les arbres
- ♥ Il faut gagner sa vie
- ♥ L'argent est difficile à gagner
- ♥ L'argent me brûle les doigts
- ♥ L'argent rend malheureuse
- ♥ L'argent est une énergie qui doit circuler
- ♥ L'argent est la racine de tous les maux
- ♥ Je ne mérite pas d'être riche
- ♥ L'argent ne peut pas acheter le bonheur
- ♥ Je ne serai jamais capable de gagner suffisamment d'argent
- ♥ L'argent est réservé à ceux qui ont de la chance
- ♥ Je ne suis pas douée pour gérer mon argent
- ♥ Il n'y a jamais assez d'argent pour tout ce dont j'ai besoin
- ♥ L'argent corrompt les gens
- ♥ L'argent ne fait pas le bonheur
- ♥ Je ne suis pas faite pour être riche

♥ Les riches deviennent plus riches et les pauvres, plus pauvres

Laisse-toi le temps pour t'observer et complète cette liste au fil du temps. Plus tu te reconnecteras à tes ressentis, plus tu découvriras des croyances limitantes en lien avec l'argent qui peuvent encore t'échapper.

Bilan
Mes croyances en lien avec la richesse

Nomme toutes les croyances limitantes et pensées négatives que tu as sur les riches et la richesse. Cette étape est primordiale, car tes croyances à leur égard peuvent inconsciemment t'empêcher de devenir riche. Si tu perçois les riches ou la richesse d'une manière négative, tu risques de repousser l'abondance financière sans même t'en rendre compte. Prendre conscience de ces croyances te permettra de les alchimiser.

Je te propose quelques exemples ci-dessous pour t'aider à démarrer :

- ♥ Les riches sont égoïstes et cupides
- ♥ Je ne pourrais jamais être comme les riches
- ♥ Les riches ont eu de la chance, ils n'ont pas eu à travailler dur comme moi
- ♥ L'argent des riches provient de l'exploitation des autres
- ♥ Les riches sont déconnectés des réalités de la vie quotidienne
- ♥ Les riches sont malheureux malgré leur argent
- ♥ Les riches sont immoraux et sans scrupules
- ♥ Les riches, ce sont tous des voleurs et des menteurs
- ♥ Les riches réussissent parce qu'ils trichent ou arnaquent les autres
- ♥ Les riches ne pensent qu'à eux-mêmes
- ♥ Les riches n'ont pas de vrais amis
- ♥ Les riches ne comprennent pas les problèmes des gens ordinaires
- ♥ La richesse corrompt
- ♥ Il est impossible d'être riche et moral en même temps
- ♥ L'argent facile, ça n'existe pas
- ♥ Avoir beaucoup d'argent signifie avoir des problèmes supplémentaires

- ♥ La richesse te change en quelqu'un de mauvais.
- ♥ Je ne mérite pas d'être riche
- ♥ Je ne saurais pas quoi faire si je devenais riche
- ♥ La richesse est réservée à une minorité chanceuse
- ♥ Si je suis riche, les autres vont me juger
- ♥ On ne peut pas être spirituel et riche à la fois
- ♥ La richesse attire des ennuis
- ♥ Être riche, c'est devenir superficiel

Observe-toi, laisse remonter les croyances au fil du temps, et note-les dans ton cahier de bord. Cette introspection est essentielle pour identifier les blocages que tu pourrais avoir face à l'abondance financière et la richesse.

> **Bilan**
> **_Mes croyances en lien avec la pauvreté_**

Nomme toutes les croyances limitantes et pensées négatives que tu as sur les pauvres et la pauvreté. Cette étape est tout aussi essentielle que l'exploration de tes croyances sur la richesse. Ce que tu penses des pauvres influences également ta perception de l'argent et de l'abondance. Prendre conscience de ces croyances te permettra de les alchimiser et de changer ta relation à l'abondance.

Je te donne quelques exemples ci-dessous pour t'aider :

- ♥ Les pauvres sont paresseux et ne veulent pas travailler
- ♥ Les pauvres sont responsables de leur propre situation et pourraient s'en sortir s'ils le voulaient vraiment
- ♥ Les pauvres ne sont pas intelligents ou compétents
- ♥ Les pauvres ont une mauvaise éducation et ne savent pas comment gérer leur argent
- ♥ Les pauvres sont incapables de réussir dans la vie
- ♥ Les pauvres méritent leur sort en raison de leurs mauvais choix ou de leur manque de volonté
- ♥ Les pauvres sont une charge pour la société et coûtent cher aux contribuables

- Les pauvres sont malhonnêtes et cherchent à profiter des autres
- Les pauvres sont destinés à rester pauvres toute leur vie, peu importe ce qu'ils font
- Les pauvres doivent être aidés par les riches pour survivre
- Être pauvre signifie être faible ou sans ambition
- La pauvreté est une fatalité, on ne peut pas en sortir
- Les pauvres sont des victimes permanentes des circonstances
- La pauvreté est un signe de malchance
- Les pauvres ne peuvent pas aspirer à une vie meilleure
- La pauvreté est héréditaire, si tu es né pauvre, tu le resteras
- Les pauvres ne peuvent jamais se permettre d'être heureux
- Vivre dans la pauvreté signifie vivre sans dignité
- Les pauvres sont souvent malades parce qu'ils n'ont pas les moyens de prendre soin de leur santé

- ♥ La pauvreté attire la pauvreté, et on finit toujours par retomber dedans
- ♥ Les pauvres ne savent pas gérer leur argent, c'est pourquoi ils le perdent toujours
- ♥ Être pauvre est une honte qu'on essaie de cacher

Prends le temps d'explorer ces croyances, observe ce qui te traverse et inscris-les dans ton cahier de bord. Ces croyances ont un impact direct sur la manière dont tu perçois l'argent et peuvent inconsciemment limiter ton propre flux d'abondance.

> **Bilan**
> **Tes peurs en lien avec l'argent**

Nomme toutes les peurs que tu as face à l'argent, qu'elles concernent le manque, la gestion de la richesse ou l'abondance.

Ce bilan est essentiel pour identifier les peurs qui te figent et bloquent le flux de l'abondance dans ta vie. Comme nous l'avons vu précédemment, la peur, lorsqu'elle s'installe, fige le mouvement naturel de l'abondance. En prenant conscience de ces peurs, tu pourras commencer à les alchimiser pour retrouver un état de fluidité et d'ouverture. Je te donne des exemples ci-dessous pour t'aider à les identifier et à les inscrire dans ton cahier de bord.

<u>Voici quelques exemples :</u>

- ♥ La peur de ne pas avoir assez d'argent pour subvenir à mes besoins essentiels
- ♥ La peur de perdre tout mon argent ou de faire faillite
- ♥ La peur d'épargner
- ♥ La peur de placer mon argent dans des investissements risqués
- ♥ La peur des monnaies électroniques
- ♥ La peur de ne pas être capable de rembourser mes dettes
- ♥ La peur de ne pas pouvoir maintenir un niveau de vie confortable

- ♥ La peur de devenir dépendante financièrement des autres

- ♥ La peur de ne pas pouvoir économiser suffisamment pour l'avenir

- ♥ La peur de ne pas être capable de soutenir ma famille financièrement

- ♥ La peur de ne pas être à la hauteur des attentes financières des autres

- ♥ La peur de ne pas être capable de gérer l'argent de manière responsable

- ♥ La peur de l'instabilité financière et de l'incertitude quant à l'avenir

- ♥ La peur que l'argent s'évapore aussi vite qu'il est arrivé

- ♥ La peur de gagner beaucoup d'argent et de perdre mes relations personnelles
- ♥ La peur que l'abondance attire la jalousie ou l'envie des autres

- ♥ La peur de me retrouver à nouveau dans la pauvreté malgré des efforts constants

Prends le temps de les observer et de les nommer. En notant ces peurs dans ton cahier de bord, tu fais déjà un premier pas pour les alchimiser et pour laisser à nouveau circuler le flux d'abondance dans ta vie.

> **Bilan**
> **Tes émotions en lien avec l'argent**

L'argent, au-delà des croyances et des peurs, est aussi un déclencheur d'émotions profondes. Ce bilan te permettra d'explorer les émotions que tu ressens lorsqu'il est question d'argent, qu'il s'agisse de sa présence ou de son absence, de la gestion de tes finances ou des situations liées à l'abondance. Note dans ton cahier de bord les émotions qui émergent face à l'argent. Ce travail te permettra d'approfondir ta relation émotionnelle à l'abondance et de mieux comprendre les blocages qui peuvent se créer.

Voici quelques exemples d'émotions que tu pourrais ressentir face à l'argent :

- ♥ Frustration : face à l'impression de ne jamais avoir assez d'argent

- ♥ Colère : envers des situations financières injustes ou perçues comme telles

- ♥ Culpabilité : lorsque tu dépenses pour toimême ou pour des plaisirs personnels

- ♥ Peur : de manquer d'argent ou de perdre tes acquis financiers

- ♥ Insécurité : liée à l'instabilité de ta situation financière

- ♥ Anxiété : face aux responsabilités financières et aux décisions à prendre

- ♥ Envie : envers ceux qui semblent avoir plus d'argent ou une situation financière stable

- ♥ Tristesse : à l'idée de ne jamais pouvoir atteindre tes objectifs financiers

- ♥ Honte : d'avoir des dettes ou de ne pas réussir à bien gérer ton argent

- ♥ Dévalorisation : lorsque tu te compares à ceux qui gagnent plus ou semblent plus prospères

- ♥ Satisfaction : après avoir réalisé une épargne ou atteint un objectif financier

- ♥ Joie : lorsque tu reçois une rentrée d'argent inattendue ou que tu te sens financièrement libre

- ♥ Gratitude : pour l'argent que tu as et qui te permet de subvenir à tes besoins

Ces émotions peuvent te guider pour comprendre comment l'argent impacte ta vie intérieure. Certaines émotions peuvent te bloquer et figer le flux d'abondance, tandis que d'autres peuvent être des signes d'un rapport plus sain à l'argent. Note tout ce qui émerge, et utilise ces observations pour travailler sur tes ressentis en lien avec l'abondance.

Réponds aux questions ci-dessous et note tes réponses dans ton cahier de bord.

- ♥ Quel rapport avais-tu avec l'argent dans ton enfance ?
- ♥ Quelles étaient les croyances et attitudes de tes parents ou proches envers l'argent ?
- ♥ As-tu grandi dans un climat d'abondance ou de manque ?
- ♥ Comment gérais-tu ton argent lors de ta première indépendance financière ?
- ♥ Es-tu plutôt économe ou dépensière ?
- ♥ Est-ce que tu fais attention à ton budget ou préfères-tu éviter de regarder tes comptes ?
- ♥ As-tu tendance à procrastiner lorsqu'il s'agit de gérer tes finances ?
- ♥ Comment te sens-tu lorsque tu paies une facture ou fais un gros achat ?

- ♥ T'arrive-t-il de dépenser de manière impulsive pour compenser certaines émotions ?
- ♥ Quels sont tes objectifs financiers à court, moyen et long terme ?
- ♥ Te sens-tu capable de les atteindre ? Pourquoi ou pourquoi pas ?
- ♥ Quels obstacles vois-tu dans la réalisation de tes objectifs financiers ?
- ♥ Te donnes-tu le droit de rêver grand en matière d'argent ou te restreins-tu par peur ?
- ♥ Te sens-tu à l'aise pour donner de l'argent, ou ressens-tu un sentiment de perte ou de manque ?
- ♥ Comment te sens-tu lorsque tu reçois de l'argent ou un cadeau ? Est-ce facile pour toi d'accepter ?
- ♥ As-tu tendance à toujours vouloir donner sans rien recevoir en retour ?
- ♥ Que signifie pour toi la réussite financière ?
- ♥ Penses-tu que la réussite financière est réservée à une élite ?
- ♥ Crois-tu qu'il est possible de concilier réussite financière et éthique personnelle ?
- ♥ As-tu peur de la réussite financière, de ce qu'elle pourrait changer dans ta vie ?

- ♥ L'argent est-il aligné avec tes valeurs personnelles ?
- ♥ Quelles valeurs as-tu en lien avec l'argent (générosité, partage, sécurité, liberté, etc.) ?
- ♥ Comment te sens-tu lorsque tu gagnes de l'argent : est-ce en lien avec qui tu es et ce que tu souhaites apporter au monde ?

**Bilan
Mon regard face à l'entreprenariat**

Que tu sois déjà dans une démarche entrepreneuriale ou que tu envisages de le devenir, il est essentiel de faire le point sur ta relation à l'entrepreneuriat et d'explorer les croyances qui y sont liées. De nos jours, l'entrepreneuriat offre une voie vers la liberté financière, sans toujours nécessiter les lourds investissements d'autrefois. Pour beaucoup, cette aventure devient une étape clé vers l'accomplissement personnel et professionnel, un chemin naturel pour se réaliser pleinement.

Quelle est ta perception de l'entrepreneuriat aujourd'hui ?

- ♥ Quelles sont tes plus grandes peurs à l'idée de te lancer dans l'entrepreneuriat ?
- ♥ As-tu déjà tenté de créer une entreprise ou un projet personnel ? Si oui, quel est ton état émotionnel face à cela.
- ♥ Penses-tu être capable de gérer les responsabilités d'une entrepreneure ?
- ♥ As-tu peur de la réussite et des responsabilités que cela pourrait entraîner ?
- ♥ Comment te sens-tu face à l'incertitude financière qui peut accompagner l'entrepreneuriat ?
- ♥ Es-tu prête à investir du temps, de l'énergie et des ressources financières pour faire aboutir ton projet entrepreneurial ?
- ♥ Quelle est ta vision de la réussite en tant qu'entrepreneure ?
- ♥ Est-ce que l'idée de "gagner beaucoup d'argent en tant qu'entrepreneure" te met mal à l'aise ?
- ♥ Penses-tu être capable de concilier éthique personnelle et réussite entrepreneuriale ?

- Te sens-tu soutenue dans ton projet entrepreneurial par ton entourage ?
- As-tu tendance à te comparer aux autres entrepreneures et cela te freine-t-il dans ton élan ?
- Comment gères-tu la pression et les risques associés à l'entrepreneuriat ?
- As-tu confiance en tes compétences pour développer une entreprise ?
- Quelle est ta plus grande motivation pour te lancer dans l'entrepreneuriat ?
- As-tu des croyances limitantes en lien avec l'entrepreneuriat (exemple : "Les entrepreneurs réussissent parce qu'ils trichent", "Je n'ai pas l'expérience nécessaire pour créer une entreprise", etc.) ?
- As-tu peur de l'échec en tant qu'entrepreneure ? Si oui, pourquoi ?

Si tu envisages de te lancer dans l'entrepreneuriat ou si tu es déjà entrepreneure, il est essentiel de prendre conscience des croyances limitantes qui pourraient t'empêcher de réaliser ton plein potentiel. Ces croyances, souvent héritées de ton éducation, de tes expériences ou de la société, peuvent freiner ton élan et te faire douter de tes capacités à réussir en tant qu'entrepreneure. Elles se manifestent sous forme de pensées comme "Je ne suis pas assez compétente", "Il faut beaucoup d'argent pour réussir", ou encore "Je vais échouer si je me lance seule". Ces convictions peuvent inconsciemment t'empêcher d'avancer et de concrétiser tes projets. Prends un moment pour identifier ces croyances limitantes et note-les dans ton cahier de bord. Cela te permettra de les alchimiser par la suite et d'ouvrir la voie à la liberté et à la réussite que tu mérites.

- ♥ Je ne suis pas capable de gérer une entreprise
- ♥ Je n'ai pas assez d'expérience pour réussir en tant qu'entrepreneure
- ♥ Il faut beaucoup d'argent pour démarrer une entreprise
- ♥ L'entrepreneuriat, c'est trop risqué
- ♥ Je vais échouer si je me lance seule
- ♥ Je ne suis pas assez créative pour réussir en tant qu'entrepreneure
- ♥ Je ne suis pas douée pour vendre mes services ou produits
- ♥ Je ne pourrais jamais concilier ma vie personnelle et professionnelle si je deviens entrepreneure
- ♥ Les entrepreneurs réussissent uniquement s'ils trichent ou prennent des raccourcis

- ♥ Les femmes n'ont pas autant de chances de réussir que les hommes dans les affaires
- ♥ Je ne pourrais jamais être à la hauteur des attentes en tant qu'entrepreneure
- ♥ Il est trop tard pour moi de me lancer dans l'entrepreneuriat
- ♥ Le marché est déjà saturé, il n'y a pas de place pour moi
- ♥ Je n'ai pas les compétences nécessaires pour être à mon compte
- ♥ L'échec dans l'entrepreneuriat est inévitable
- ♥ Je vais perdre ma sécurité financière si je me lance dans l'entrepreneuriat
- ♥ Je ne suis pas assez disciplinée pour gérer ma propre entreprise
- ♥ Les entrepreneurs doivent travailler jour et nuit pour réussir
- ♥ Il est impossible de gagner de l'argent en faisant ce que j'aime

Bilan
Croyances limitantes et MLM

Le marketing de réseau (ou MLM) est une nouvelle forme d'entrepreneuriat qui a émergé ces dernières années et qui permet à de nombreuses personnes d'accéder à la liberté financière sans investir des sommes importantes. Cependant, cette activité est souvent mal comprise et entourée de croyances limitantes qui peuvent empêcher de s'y engager pleinement. Ces croyances viennent parfois de l'ignorance, de préjugés ou d'expériences négatives relayées par d'autres. Si tu envisages de te lancer dans le marketing de réseau, il est important de faire le point sur ces croyances limitantes et de les alchimiser pour avancer sereinement dans cette voie.

- ♥ Le marketing de réseau, c'est une arnaque
- ♥ Le marketing de réseau, c'est une secte

- ♥ Personne ne voudra acheter ce que je propose
- ♥ Je vais harceler mes proches si je leur parle de mes produits
- ♥ Le marketing de réseau est mal perçu par la société
- ♥ Le marketing de réseau est pyramidal
- ♥ Les gens fuiront si je leur parle de mon activité
- ♥ Je ne suis pas assez persuasive pour réussir dans ce domaine
- ♥ Le marketing de réseau est réservé aux extravertis
- ♥ Je ne pourrais jamais gagner d'argent dans le marketing de réseau
- ♥ Le marketing de réseau repose uniquement sur la chance et les contacts
- ♥ Seuls ceux qui sont au sommet gagnent vraiment de l'argent
- ♥ Je vais perdre des amis si je leur parle de mon business

- ♥ Le marketing de réseau, c'est pour les rêveurs, ça ne marche jamais
- ♥ Je ne peux pas réussir dans le marketing de réseau sans manipuler les autres
- ♥ Les gens vont penser que je ne suis pas sérieuse si je me lance là-dedans
- ♥ Ceux qui réussissent dans le marketing de réseau trichent ou arnaquent les autres

Précisions importantes

Chaque bilan que tu viens de compléter t'a permis d'explorer différentes facettes de tes croyances, peurs et blocages. Il est important de rappeler que chacun est libre d'approfondir le secteur qui lui parle le plus, selon ses envies, ses besoins et ses aspirations. Que ce soit en lien avec l'argent, l'entrepreneuriat, le marketing de réseau ou tout autre domaine, cette exploration personnelle est un pas essentiel vers la transformation intérieure.

Protocole

Alchimisation

L'abondance

Tu as maintenant traversé plusieurs bilans qui t'ont permis d'explorer tes croyances, tes peurs et tes émotions en lien avec

- ♥ L'argent
- ♥ La richesse
- ♥ La pauvreté
- ♥ L'entrepreneuriat

Grâce à ces réflexions, tu as mis en lumière des schémas limitants qui freinent peut-être le flux d'abondance dans ta vie.

A ce stade tu as intégré le processus d'alchimisation, et il n'est plus nécessaire pour moi de te guider à chaque étape. Je t'encourage à oser expérimenter par toi-même. Parmi toutes les croyances et émotions que tu as identifiées, chacune mérite ton attention. Choisis celles qui te semblent les plus importantes, celles qui te touchent le plus profondément ou te bloquent davantage. Alchimise-les à ton rythme avec le mantra que tu connais par cœur :

"J'invite toutes les parts de moi qui ... à se retourner dans l'étoile d'unité au cœur de moi-même."

N'oublie pas, l'alchimisation est un processus naturel, fluide, et adapté à ton propre chemin. Il n'y a pas de bonne ou de mauvaise façon de le faire, seulement des tentatives, des ressentis, et une volonté d'aller plus loin. Ce chemin est le tien, et tu en es la gardienne. Pratique régulièrement, reste ouverte à ce qui se manifeste, et alchimise à chaque étape, à chaque besoin.

En pratiquant chaque jour, en cultivant cette ouverture, tu inviteras l'abondance dans toutes les sphères de ta vie. L'abondance financière, émotionnelle, relationnelle, et spirituelle sont toutes reliées à ta capacité à te libérer de tes anciens schémas et à accueillir ce qui est nouveau.

À présent, tu possèdes les outils nécessaires. Le moment est venu d'oser, de tester, de réajuster et de laisser la magie de l'alchimisation opérer. Laisse-toi traverser par ce flux d'abondance et savoure l'expérience.

Corps physique et douleurs

L'alchimisation du corps physique est une pratique puissante qui peut soutenir ton bien-être global et ta guérison. Cependant, il est essentiel de se rappeler qu'elle ne remplace pas un avis médical professionnel ni un traitement approprié. Bien que l'alchimisation puisse soulager certains maux et améliorer ta santé, elle n'est pas un substitut aux soins médicaux traditionnels. Si tu fais face à des douleurs persistantes ou à des problèmes de santé, n'hésite pas à consulter un professionnel de santé qualifié.

Cela dit, l'alchimisation peut s'intégrer harmonieusement en complément des soins médicaux, pour t'aider à rétablir un équilibre holistique et favoriser ton bien-être global.

Ton corps est bien plus qu'une simple enveloppe physique ; c'est un temple sacré qui abrite ton essence, tes émotions, ton histoire, et il possède sa propre intelligence. À l'image d'un animal de compagnie qui comprend ce que tu lui dis, ton corps perçoit et réagit à chaque mot, chaque pensée. Au fil de ta pratique, tu peux ressentir ce lien subtil entre toi et lui, un dialogue silencieux et puissant.

Souvent, on cherche à communiquer avec des anges, des guides ou des mondes subtils, mais il est fondamental de commencer par ton corps. Il est là, présent, il te parle à travers des sensations, des douleurs, des malaises, mais aussi à travers des mots. À toi de veiller à ce que ces mots ne se transforment pas en "maux". Trop souvent, on ne prête attention à son corps que lorsqu'il crie, lorsqu'il souffre, oubliant que chaque signal est un message précieux à accueillir et écouter.

> *"Le corps est le jardin de l'âme."*
> William Shakespeare

Pour moi, accepter cette vérité a été un long chemin. Pendant des années, je fuyais, cherchant une maison ailleurs, dans des dimensions plus spirituelles, plus élevées, croyant que ma connexion se trouvait en dehors de moi. Mais je négligeais le temple qu'est mon corps. Puis, il est arrivé un moment où je n'ai plus eu le choix... Mon corps m'a rappelée à lui. Ce fut un retour à cette sagesse intérieure qui attendait d'être reconnue.

Aujourd'hui, mon corps et moi sommes partenaires. Nous avançons ensemble. Je n'ai plus besoin de "m'ancrer", car j'ai appris à habiter pleinement mon corps, ce qui est bien différent. Être présente en lui m'a permis de retrouver un ancrage naturel, une alliance entre mon être spirituel et mon enveloppe physique.

L'alchimisation m'a énormément aidée dans ce cheminement. C'est pour cette raison que je tiens à inclure ce chapitre, si important à mes yeux. Il boucle une boucle naturelle dans notre exploration, car, depuis le début, je te dis que tout se passe dans le corps. C'est en lui, à travers lui, que tu peux vraiment vivre ces transformations profondes. Il ne s'agit pas simplement de pensées ou de croyances à modifier dans ton esprit ; ton corps, avec ses sensations et ses réactions, est le premier à accueillir ces changements.

Ce que j'ai découvert, c'est que le corps est un guide, un compagnon de route.

L'alchimisation t'offre un moyen d'apprendre

- ♥ à l'écouter
- ♥ à l'honorer
- ♥ à décoder ses messages
- ♥ à transformer les blocages

Chaque douleur, chaque tension est une opportunité d'aller plus loin, de transcender ce qui t'empêche d'avancer.

Ce chapitre est là pour te rappeler qu'il est temps de rentrer "chez toi", de faire la paix avec ton corps, de l'alchimiser tout comme tu as appris à alchimiser tes croyances, tes émotions, et tes besoins. L'essentiel de ton bonheur et de ton bien-être se vit dans ton corps, et c'est ici que tu vas pouvoir boucler ton propre processus d'alchimisation.

Ce chemin n'est pas linéaire, chaque jour est une opportunité de t'ouvrir à une nouvelle dimension de toi-même à travers ton corps.

En accueillant ce qui s'y passe, tu t'ouvres à une vie plus équilibrée, plus harmonieuse, et plus ancrée dans le présent.

Le mal a dit

Ton corps exprime souvent, à travers la douleur et la maladie, ce que tes émotions et ta mémoire cellulaire n'ont pas pu communiquer, faute d'avoir été écoutées ou entendues. En pratiquant l'alchimisation, tu apprends à remonter à la source de ces blocages profonds, qu'ils soient émotionnels ou inscrits dans la mémoire de tes cellules. Accueille-les avec bienveillance et transforme-les. Ce processus peut t'amener à revisiter des expériences passées, à faire face à des peurs ou à des traumatismes enfouis, mais c'est aussi une magnifique occasion de libérer ces mémoires inscrites dans ton corps et de retrouver la paix intérieure.

L'alchimisation t'invite à changer ta perception de la douleur et de la maladie. Plutôt que de les considérer comme des ennemis à fuir, vois-les comme des opportunités d'apprentissage et de croissance. Chaque douleur, chaque maladie porte en elle un message, une leçon à intégrer, une mémoire à libérer. En les accueillant avec ouverture et compassion, tu permets à cette sagesse profonde de se révéler et de te guider sur ton chemin de guérison. Ainsi, tu découvres que la douleur et la maladie ne sont pas des obstacles, mais des enseignants qui te montrent le chemin vers plus de conscience, de libération et d'harmonie.

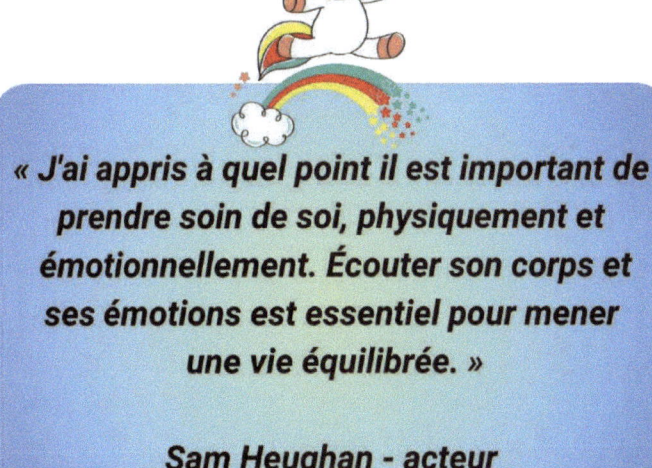

« J'ai appris à quel point il est important de prendre soin de soi, physiquement et émotionnellement. Écouter son corps et ses émotions est essentiel pour mener une vie équilibrée. »

Sam Heughan - acteur

Protocole

Alchimisation

Ton corps

Dans ce protocole, l'approche de l'alchimisation diffère légèrement. Ici, plutôt que d'inviter "toutes les parts de toi", tu vas nommer directement les parties spécifiques de ton corps, tes organes, tes cellules ou même la maladie qui te touche. Cela permet d'instaurer un dialogue plus intime et précis avec ton corps, favorisant la guérison à un niveau profond.

Par exemple, tu peux dire :

♥ J'invite mon corps à se retourner dans l'étoile d'unité au cœur de moi-même

238

- ♥ J'invite mes cellules à se retourner dans l'étoile d'unité au cœur de moi-même
- ♥ J'invite mon ADN à se retourner dans l'étoile d'unité au cœur de moi-même
- ♥ J'invite mon foie (ou autre organe) à se retourner dans l'étoile d'unité au cœur de moi-même
- ♥ J'invite ma maladie (nomme-la spécifiquement) à se retourner dans l'étoile d'unité au cœur de moi-même

Cette pratique est un acte puissant de pacification, une invitation à rétablir l'harmonie dans ton corps et à transformer ton rapport à la maladie. C'est une manière de cesser la lutte, d'apaiser les conflits intérieurs et de redonner à ton corps et à ses manifestations une place dans l'unité.

Tu peux également étendre cette pratique aux corps subtils :

- ♥ J'invite mon corps éthérique à se retourner dans l'étoile d'unité au cœur de moi-même
- ♥ J'invite mon corps mental à se retourner dans l'étoile d'unité au cœur de moi-même
- ♥ J'invite mon corps émotionnel à se retourner dans l'étoile d'unité au cœur de moi-même
- ♥ J'invite mon âme à se retourner dans l'étoile d'unité au cœur de moi-même

Tu peux faire de même avec tes chakras ou toute autre structure énergétique. Il n'y a pas de limite dans cette pratique.

C'est le moment de pacifier ta relation à ton corps, à tes organes, à tes cellules et à ta maladie. Ton corps est ton allié, et cette approche te permet de retrouver un dialogue bienveillant et harmonieux avec lui.

Les unions harmonieuses

Dans mon parcours d'alchimisation, j'ai trouvé qu'il était bénéfique de combiner plusieurs techniques de guérison, chacune apportant une énergie unique tout en renforçant l'autre. Parmi elles, deux pratiques m'ont particulièrement marquée :

Ho'oponopono et la pratique des effacements. Leur union a ajouté non seulement une profondeur à mon processus de transformation intérieure, mais aussi une autre dynamique, évitant ainsi toute monotonie. Chacune apporte une approche différente, permettant de travailler sur des aspects complémentaires de l'être. C'est une alchimie qui a enrichi mon cheminement, et je voulais les partager avec toi, afin que toi aussi, tu puisses explorer et ressentir cette synergie dans ton propre voyage.

Ho'oponopono
la guérison par le pardon et l'amour

Ho'oponopono est une ancienne pratique hawaïenne de guérison, qui repose sur la puissance du pardon, de l'amour, et de la responsabilité personnelle. Cette méthode utilise quatre phrases simples, répétées comme un mantra, pour nettoyer les mémoires et croyances limitantes, tout en rétablissant l'harmonie intérieure.

Les quatre phrases clés d'Ho'oponopono :

- ♥ Je suis désolé
- ♥ S'il te plaît, pardonne-moi
- ♥ Merci
- ♥ Je t'aime

Ces phrases peuvent être intégrées à ta pratique d'alchimisation. Lorsque tu alchimises une part de toi, adresse-lui ces mots. C'est une manière d'honorer, d'apaiser et de libérer les énergies et mémoires bloquées. Cette pratique de pardon envers toi-même est un processus profondément libérateur.

<u>Exemple concret :</u>

« J'invite toutes les parts de moi qui ont peur d'être jugées à se retourner dans l'étoile d'unité au cœur de moi-même. »

Puis, tu peux ajouter les phrases d'Ho'oponopono :

« Je vous demande pardon, je suis désolée, je nous aime, merci. »

Tu peux même aller plus loin en disant :

« Je suis désolée de ne pas avoir entendu ta souffrance, de ne pas t'avoir reconnue plus tôt. »

Entretiens un véritable dialogue intérieur avec toutes ces parts de toi-même qui en ont besoin, en leur offrant douceur, compassion.

La pratique des effacements

La pratique des effacements est une autre méthode puissante que j'ai intégrée à mon cheminement.

Utilisée dans plusieurs courants spirituels et de développement personnel, cette approche consiste à effacer consciemment les mémoires, croyances et blocages ancrés, afin de les libérer de ton système énergétique et émotionnel. Contrairement à Ho'opono-pono, qui repose sur le pardon et l'amour, la pratique des effacements est plus directe, comme un processus de nettoyage ciblé.

Les phrases précises que je vais partager avec toi ont été inspirées par des séances de thérapie que je suivais à partir de 2012. Ces phrases avaient été transmises à ma thérapeute lors d'une formation donnée par Marc Isenschmid, et depuis, je les ai reprises et adaptées à ma manière. Elles sont devenues un outil essentiel dans mon propre processus d'alchimisation, permettant d'effacer ce qui me bloquait pour avancer plus librement.

Cette technique implique de reconnaître la croyance ou le blocage qui te freine, puis de déclarer avec intention que tu l'effaces de ton système. Pour t'accompagner dans cette démarche, il te suffira de reprendre ton carnet de bord, où tu as déjà listé de nombreuses thématiques et croyances. Il te sera alors facile de revisiter chacune d'elles et de les aborder avec ce protocole d'effacement, afin de libérer consciemment ce qui t'empêche d'avancer.

Protocole d'effacement

- ♥ J'efface toutes les croyances, convictions, certitudes et idées reçues en lien avec… ou entre moi et… que ce soit lié à ma vie, à toutes mes vies ou à mes ancêtres.

- ♥ J'efface tous les liens toxiques, énergétiques, affectifs, physiques, karmiques, cosmiques et telluriques entre moi et… ou en lien avec… que cela soit lié à ma vie, à toutes mes vies ou à mes ancêtres.

- ♥ J'efface tous les contrats, vœux, pactes, serments, et paroles données en lien avec… ou entre moi et… que ce soit lié à ma vie, à toutes mes vies ou à mes ancêtres.

- ♥ J'efface tous les schémas, associations logiques, stases, mémoires, souffrances en lien avec… ou entre moi et… que ce soit lié à ma vie, à toutes mes vies ou à mes ancêtres.

- ♥ J'efface toute forme de magie, pouvoirs machiavéliques, charmes, possessions, envoûtements, sortilèges, poison, magie noire, magie-verte, magie blanche, magie rouge, magie rose, vaudou, satanisme et toutes autres magies connues ou inconnues, de ce temps ou d'un autre temps, d'ici ou d'ailleurs, entre moi et... ou en lien avec... que ce soit lié à ma vie, à toutes mes vies ou à mes ancêtres.

- ♥ J'efface toutes mes loyautés à mes autosabotages bienveillants, que ce soit lié à ma vie, à toutes mes vies ou à mes ancêtres.

L'effacement est un acte conscient de libération. C'est un moyen de désactiver les programmes internes qui t'empêchent de rayonner pleinement, en t'aidant à lâcher prise sur ce qui te maintient dans des schémas limitants. L'effacement est un acte conscient de libération. C'est un moyen de désactiver les programmes internes qui t'empêchent de rayonner pleinement, en t'aidant à lâcher prise sur ce qui te maintient dans des schémas limitants. En adaptant les phrases d'effacement à chaque situation spécifique, tu vas pouvoir libérer des blocages précis, que ce soit en lien avec l'argent, les relations, ou tout autre aspect de ta vie ainsi qu'avec des personnes en particulier.

Exemple concret
L'argent

♥ J'efface toutes les croyances, convictions, certitudes et idées reçues en lien avec l'argent que ce soit lié à ma vie, à toutes mes vies ou à mes ancêtres.

♥ J'efface tous les liens toxiques, énergétiques, affectifs, physiques, karmiques, cosmiques et telluriques en lien avec l'argent que cela soit lié à ma vie, à toutes mes vies ou à mes ancêtres.

♥ J'efface tous les contrats, vœux, pactes, serments, et paroles données en lien avec l'argent que ce soit lié à ma vie, à toutes mes vies ou à mes ancêtres.

♥ J'efface tous les schémas, associations logiques, stases, mémoires, souffrances en lien avec l'argent que ce soit lié à ma vie, à toutes mes vies ou à mes ancêtres.

♥ J'efface toute forme de magie, pouvoirs machiavéliques, charmes, possessions, envoûtements, sortilèges, poison, magie noire, magie-verte, magie blanche, magie rouge, magie rose, vaudou, satanisme et toutes autres magies connues ou inconnues, de ce temps ou d'un autre temps, d'ici ou d'ailleurs, en lien avec l'argent que ce soit lié à ma vie, à toutes mes vies ou à mes ancêtres.

♥ J'efface toutes mes loyautés à mes auto-sabotages bienveillants en lien avec l'argent que ce soit lié à ma vie, à toutes mes vies ou à mes ancêtres.

Tu n'es pas limitée à des thèmes généraux comme l'argent. Ce protocole d'effacement est extrêmement adaptable et peut être utilisé pour des aspects plus ciblés et précis de ta vie. Par exemple, si tu veux travailler sur une croyance spécifique tu peux aussi le faire.

Exemple concret
Je ne mérite pas

♥ J'efface toutes les croyances, convictions, certitudes et idées reçues que je ne mérite pas que ce soit lié à ma vie, à toutes mes vies ou à mes ancêtres.

♥ J'efface tous les liens toxiques, énergétiques, affectifs, physiques, karmiques, cosmiques et telluriques que je ne mérite pas que cela soit lié à ma vie, à toutes mes vies ou à mes ancêtres.

♥ J'efface tous les contrats, vœux, pactes, serments, et paroles données que je ne mérite pas que ce soit lié à ma vie, à toutes mes vies ou à mes ancêtres.

- ♥ J'efface tous les schémas, associations logiques, stases, mémoires, souffrances que je ne mérite pas que ce soit lié à ma vie, à toutes mes vies ou à mes ancêtres.

- ♥ J'efface toute forme de magie, pouvoirs machiavéliques, charmes, possessions, envoûtements, sortilèges, poison, magie noire, magie verte, magie blanche, magie rouge, magie rose, vaudou, satanisme et toutes autres magies connues ou inconnues, de ce temps ou d'un autre temps, d'ici ou d'ailleurs, que je ne mérite pas que ce soit lié à ma vie, à toutes mes vies ou à mes ancêtres.

- ♥ J'efface toutes mes loyautés à mes autosabotages bienveillants en lien avec que je ne mérite pas que ce soit lié à ma vie, à toutes mes vies ou à mes ancêtres.

Exemple concret
Une personne précise

Pour l'exemple j'ai mis mon prénom mais tu vas remplacer Anne Chantale par le prénom de la personne avec qui tu veux effacer.

- ♥ J'efface toutes les croyances, convictions, certitudes et idées reçues entre moi et Anne Chantale que ce soit lié à ma vie, à toutes mes vies ou à mes ancêtres.

- ♥ J'efface tous les liens toxiques, énergétiques, affectifs, karmiques, cosmiques et telluriques entre moi et Anne Chantale que cela soit lié à ma vie, à toutes mes vies ou à mes ancêtres.

- ♥ J'efface tous les contrats, vœux, pactes, serments, et paroles données entre moi et Anne Chantale que ce soit lié à ma vie, à toutes mes vies ou à mes ancêtres.
- ♥ J'efface tous les schémas, associations logiques, stases, mémoires, souffrances entre moi et Anne Chantale que ce soit lié à ma vie, à toutes mes vies ou à mes ancêtres.
- ♥ J'efface toute forme de magie, pouvoirs machiavéliques, charmes, possessions, envoûtements, sortilèges, poison, magie noire, magie verte, magie blanche, magie rouge, magie rose, vaudou, satanisme et toutes autres magies connues ou inconnues, de ce temps ou d'un autre temps, d'ici ou d'ailleurs, entre moi et Anne Chantale que ce soit lié à ma vie, à toutes mes vies ou à mes ancêtres.

Remarques :

Je te conseille de suivre ce protocole d'effacement dans son intégralité. J'ai toujours été surprise par l'efficacité des différentes phrases, notamment celle liée à la magie, qui apporte souvent de belles libérations, même là où on ne s'y attend pas. Chaque phrase aborde la problématique sous un angle différent, et c'est ce qui rend ce processus si puissant.

Dans notre inconscient, il y a des informations si vastes, des mémoires si profondes, qu'il est difficile d'avoir une vision complète de tout ce qui influence notre vécu. Certaines de ces influences peuvent venir d'énergies invisibles, d'anciens serments ou de schémas que nous avons hérités de nos ancêtres. C'est pourquoi ces différentes formules d'effacement sont si importantes. Elles explorent différentes dimensions de la problématique et permettent de libérer les blocages sous plusieurs angles.

En utilisant ces phrases en entier, tu élargis le champ d'action et tu permets à ton système de se libérer non seulement des croyances conscientes, mais aussi des liens énergétiques, des mémoires transgénérationnelles, et même des influences subtiles auxquelles tu ne penses peut-être pas. Cela crée un nettoyage profond et multidimensionnel, facilitant ton cheminement vers un mieux-être plus global et durable.

<u>Mon expérience :</u>

Avant de découvrir l'alchimisation, j'utilisais essentiellement la pratique des effacements, que j'avais découverte en 2012. J'y ai consacré des heures, abordant tous les sujets possibles et imaginables. Cette pratique a créé en moi une mise à jour puissante, un nettoyage profond. Je faisais des listes de thèmes, comme je te l'ai montré dans les bilans, et je creusais chaque sujet, un à un.

J'ai également fait une liste de toutes les personnes que je connaissais, puis je procédais aux effacements avec elles, une par une, dans l'idée d'assainir les liens qui nous unissaient. Il est important de noter que les effacements n'effacent pas l'amour ; bien au contraire, ils le rendent plus pur. En libérant les énergies, les liens toxiques ou les mémoires encombrantes, on laisse place à un amour plus authentique, dénué de poids énergétiques ou émotionnels.

Ces effacements sont une merveilleuse opportunité d'alléger ton espace intérieur et de pacifier tes relations, tout en créant une ouverture pour l'amour véritable et l'abondance à se manifester.

L'union fait la force

L'union de l'alchimisation, d'Ho'oponopono et des effacements t'offre un chemin complet et puissant vers l'unité et l'harmonie intérieure. En alliant ces trois pratiques, tu libères en profondeur les blocages émotionnels, transformes tes croyances limitantes, et rétablis un lien profond avec ton essence véritable.

L'alchimisation t'aide à intégrer tes parts d'ombre et à les ramener à l'unité, Ho'oponopono t'accompagne dans le pardon et l'amour inconditionnel, tandis que les effacements permettent de purifier des mémoires et croyances profondes qui entravent ta liberté intérieure. En combinant ces approches, tu abordes ton processus de guérison avec plus de fluidité et de légèreté, en avançant à ton rythme.

Cette alliance apporte un soutien précieux sur ton chemin vers l'heureusité. En te libérant progressivement de ce qui te retient et en apaisant ton monde intérieur, tu crées un espace pour accueillir l'amour, la paix et l'épanouissement authentique. L'union de ces techniques renforce chaque étape de ce voyage, t'offrant le confort nécessaire pour rayonner pleinement.

Ça peut toujours servir

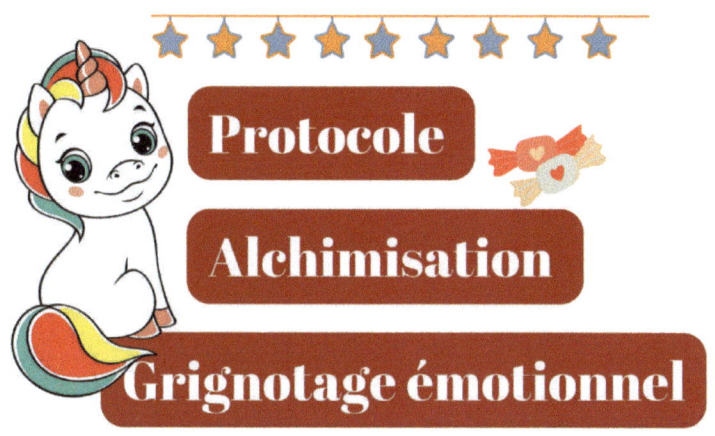

Protocole Alchimisation Grignotage émotionnel

Il n'est pas rare de se tourner vers la nourriture pour apaiser des émotions difficiles. Le stress, l'ennui, la tristesse ou même la colère peuvent nous pousser à manger de manière impulsive, souvent sans véritable faim. Cela crée un cycle où l'on utilise la nourriture comme un anesthésiant émotionnel. Cependant, il est possible de briser ce cycle en adoptant quelques astuces simples et en utilisant l'alchimisation pour transformer ces émotions.

Avant de manger et d'ouvrir le frigo

Avant de te diriger vers le frigo ou le buffet à cochonneries, demande-toi :

"Ai-je vraiment faim ?"

Prends quelques respirations profondes pour t'ancrer dans le moment présent et ressentir ce qu'il se passe en toi : si tu as faim mange ! Si c'est émotionnel, surtout évite de culpabiliser car ça ne sert à rien ! Ou alchimise ta culpabilité de vouloir grignoter. Félicite-toi d'avoir identifié ce besoin de manger de façon émotionnelle. C'est le premier pas...

Identifie tes émotions

Essaye de reconnaître ce que tu ressens réellement.

Est-ce de la frustration, de l'ennui, de la culpabilité, de la honte, de la tristesse, un dégout de soi ou une sensation de vide intérieur ?

Personnellement j'ai remarqué que lorsque la honte et le dégoût de soi remonte j'ai plus l'envie de grignoter.

En nommant l'émotion ou le sentiment tu commences déjà à l'accepter et à la désamorcer.

Mantras

Une fois que tu as identifié les émotions, **alchimise-les** et rajoute les thématiques suivantes qui sont reliées à des comportements inconscients ou à des mémoires :

- ♥ J'invite toutes les parts de moi qui ont besoin de manger à se retourner dans l'étoile d'unité au cœur de moi-même.
- ♥ J'invite toutes les parts de moi qui ont besoin d'étouffer leurs émotions à se retourner dans l'étoile d'unité au cœur de moi-même.

- ♥ J'invite toutes les parts de moi qui ont besoin de se remplir à se retourner dans l'étoile d'unité au cœur de moi-même

- ♥ J'invite toutes les parts de moi qui n'arrivent pas à vivre et ressentir leurs émotions à se retourner dans l'étoile d'unité au cœur de moi-même.

- ♥ J'invite toutes les parts de moi qui ont faim d'amour et de joie à se retourner dans l'étoile d'unité au cœur de moi-même.

- ♥ J'invite toutes les parts de moi qui sont affamées à se retourner dans l'étoile d'unité au cœur de moi-même.

- ♥ J'invite toutes les parts de moi qui ont besoin de se détruire à se retourner dans l'étoile d'unité au cœur de moi-même.

Si tu en identifies d'autres, rajoutes-les.

Prends soin de ton écosystème

Ton corps est l'endroit où tu vis, et c'est lui qui, par la loi d'attraction, t'amène à vivre certaines situations. En alchimisant ton écosystème, tu vas créer un environnement intérieur plus harmonieux et équilibré, ainsi les besoins compulsifs vont s'atténuer petit à petit.

Le grignotage est souvent relié à de l'auto destruction, tu peux donc alchimiser ta honte, ton dégoût et la culpabilité.

Et si j'ai encore envie de grignoter ?

Parfois, manger en conscience un aliment riche en protéines peut apporter le sentiment de satiété que tu recherches. Si tu ressens une envie intense, il est préférable de choisir quelque chose de rassasiant plutôt que de lutter contre cette envie, ce qui pourrait créer des distorsions émotionnelles.

J'ai remarqué pour ma part qu'une barre protéinée ou une boisson protéinée apporte immédiatement un sentiment de calme intérieur. Cela me permet ensuite de mieux alchimiser et de vivre le processus.

Je te conseille aussi de pacifier ta relation à la nourriture.

Mantras de pacification : la nourriture

- ♥ J'invite toutes les parts de moi-même qui sont en guerre avec la nourriture à se retourner dans l'étoile d'unité au cœur de moi-même.
- ♥ J'invite toutes les parts de moi qui culpabilisent et qui sont honteuses de manger à se retourner dans l'étoile d'unité au cœur de moi-même.

- ♥ J'invite toutes les parts de moi qui utilisent la nourriture pour se faire du mal à se retourner dans l'étoile d'unité au cœur de moi-même.

- ♥ J'invite toutes les parts de moi qui utilisent la nourriture pour se punir à se retourner dans l'étoile d'unité au cœur de moi-même.

Tu peux allier ces mantras à Ho'oponopono, et aux effacements. C'est encore plus efficace.

En intégrant l'alchimisation dans ta vie quotidienne, tu pourras mieux vivre tes émotions et ainsi réduire le besoin de manger pour les apaiser.

Remarques importantes

L'alchimisation te permet de te reconnecter à tes sensations corporelles, d'apaiser ton esprit, et de te libérer des habitudes qui ne te servent plus, à condition que le besoin de grignoter ne soit pas dû à un déséquilibre ou à une carence. Si, malgré tes efforts, tu ne vois pas d'évolution, il pourrait être nécessaire de rééquilibrer ton alimentation et de vérifier tes besoins cellulaires. La faim cellulaire, qui peut dépasser la simple quantité de nourriture mangée, nécessite parfois une nutrition ciblée avec des compléments adaptés.

Ce protocole peut également s'appliquer à d'autres addictions. A toi de l'adapter.

Pour aller encore plus loin...

Maintenant que tu as acquis de nouvelles connais-
sances et une compréhension plus profonde de toi-
même, tu es prête à aller encore plus loin dans ton
exploration intérieure. Chaque étape de ce chemin te
permettra de découvrir des facettes inédites de qui tu
es vraiment, et d'approfondir ta connexion avec ton
essence véritable.

Alphabétisation Émotionnelle

Apprendre à identifier et nommer tes émotions est un
processus que l'on peut appeler **"alphabétisation
émotionnelle"**. Tout comme l'apprentissage des
lettres et des mots te permet de lire et d'écrire, développer cette compétence t'aide à reconnaître et à exprimer ce que tu ressens de manière plus précise.

Bien souvent, nous simplifions nos émotions avec
des termes généraux comme "heureux", "triste" ou "en
colère". Mais en réalité, nos émotions sont plus **nuan-
cées**. Par exemple, plutôt que de dire que tu te sens

"mal", tu pourrais reconnaître qu'il s'agit en fait de **frustration**, d'**anxiété** ou de **déception**. Nommer tes émotions avec justesse te permet de mieux les appréhender et de savoir comment les traverser ou les transformer.

En affinant ton **vocabulaire émotionnel**, tu deviens plus à l'écoute de toi-même, ce qui te rend mieux équipée pour vivre tes émotions de façon consciente et adaptée. Je sais qu'il peut parfois être difficile de nommer une émotion avec précision. À la page suivante, tu découvriras une liste de différentes **teintes émotionnelles** pour t'aider à mieux identifier tes ressentis et à enrichir ton processus d'alchimisation lors de la mise en pratique.

Liste des émotions avec leurs différentes teintes :

♥ Colère

Irritée, frustrée, contrariée, agacée, agitée, enragée, rage, bouillonnement intérieur, furieuse, furie, indignée, en ébullition, vénère, explosive, hostile, mécontente, tendue, exacerbée, excédée, énervée, nerveuse, grincheuse, furax, irritée, sur les nerfs, hors de moi, scandalisée, ulcérée, susceptible, révoltée, en bagarre, en guerre, intimidée...

♥ Peur

Affolée, alarmée, apeurée, anxieuse, angoissée, craintive, effrayée, inquiète, hésitante, méfiante, intimidée, préoccupée, soucieuse, paniquée, terrifiée, terrorisée, épouvantée, vulnérable, pessimiste, diminuée, avoir la trouille, avoir les chocottes, le trouillomètre à zéro, ...

♥ Triste

Blessée, bouleversée, découragée, déprimée, déses-
pérée, éteinte, abattue, anéantie, malheureuse, vidée,
peinée, chagrinée, mélancolique, résignée, accablée,
attristée, désappointée, maudite...

♥ Honte

Confuse, gênée, embarrassée, rabaissée, humiliée,
déshonorée, pleine de mépris, pleine de remords, fau-
tive, discréditée, indignée, mal à l'aise, observée...

♥ Dégoût

Écœurée, dégoutée, nauséeuse, répugnée, répu-
gnante, rebutée, aversion, vomissement...

♥ Surpris

Bluffée, étonnée, perplexe, stupéfaite, interloquée,
alertée, abasourdie, ébahie, éblouie, estomaquée, dé-
contenancée, sidérée, bouche bée, médusée, impres-
sionnée, déconcertée, éblouie, fascinée...

♥ **Joie**

Comblée, satisfaite, contente, heureuse, amusée, légère, libre, amoureuse, rassurée, gaie, pleine d'énergie, vivante, ravie, apaisée, satisfaite, lumineuse, rayonnante, émerveillée, motivée...

Tu as désormais en main des outils précieux pour reconnaître et accueillir chacune de tes émotions.

Émotions et Human Design

Il est important que je prenne un moment pour te parler du Human Design, une science fascinante qui m'a énormément aidée à mieux comprendre qui je suis et comment je fonctionne. Le Human Design va bien au-delà des émotions ; il t'offre une lecture complète de ton être, en te permettant de comprendre ton type énergétique, ta manière d'interagir avec le monde, la manière dont tu prends tes décisions (ton autorité intérieure), et bien d'autres aspects de toi-même. Il combine des systèmes ancestraux tels que l'astrologie, le I Ching, la Kabbale, et les chakras pour dresser une carte unique de ton être.

Je t'invite sincèrement à explorer ton Human Design en commençant par découvrir quatre éléments essentiels : ton type, ton autorité, l'expression du non-soi et ta signature. Ces informations te permettront de mieux comprendre comment tu navigues dans la vie, comment tu fais tes choix, et surtout comment tu réagis émotionnellement face aux événements. Elles t'aideront également à savoir si tu es une éponge émotionnelle ou non, et à mieux gérer ton énergie au quotidien. Pour moi, cette science a changé ma manière d'aborder ma vie et mes émotions.

Pour moi, le Human Design a été une véritable révélation. Il m'a permis de comprendre que certaines de mes émotions, comme la **frustration**, étaient des signaux puissants que j'ignorais auparavant. Cette frustration, que je ressentais lorsque je n'étais pas en phase avec moi-même, m'a appris à réajuster mes choix. En écoutant ces signaux et en cherchant à les transformer en **satisfaction**, j'ai trouvé un équilibre plus profond dans ma vie.

Cette découverte m'a amenée à revoir mon fonctionnement sous un nouveau jour. Aujourd'hui, je m'efforce d'être à l'écoute de mes émotions récurrentes, car elles sont mes **boussoles émotionnelles**. C'est aussi grâce à cette compréhension que j'ai repris ce livre chapitre après chapitre, les ajustant, les réécrivant, jusqu'à ce que je ressente cette satisfaction intérieure, ce sentiment d'avoir créé quelque chose qui me ressemble vraiment.

Les Signatures et l'Expression du Non-Soi

Chaque type de Human Design a une **signature** émotionnelle spécifique. Nous ne fonctionnons pas toutes avec les mêmes boussoles émotionnelles, et c'est ce qui fait toute la richesse de la vie. Tu es unique ! Ton fonctionnement n'est pas le même que celui de ta voisine, ou de la personne que tu idolâtres. Souviens-toi de cela car c'est une clé importante qui va t'amener vers l'heureusité.

Voici un aperçu de ton fonctionnement émotionnel suivant ton type :

Générateur

> **Signature : Satisfaction**
> Tu ressens une profonde satisfaction lorsque tu réponds à ce qui te fait vibrer, en étant pleinement alignée avec toi-même.

> **Non-Soi : Frustration**
> La frustration est le signal que tu forces les choses ou que tu t'engages dans des projets qui ne te correspondent pas.

Générateur Manifesteur

> **Signature : Satisfaction et Paix**
>
> Tu expérimentes à la fois la satisfaction de tes actions alignées et une paix intérieure, car tu agis sans résistance.

> **Non-Soi : Frustration et Colère**
>
> La frustration et la colère apparaissent quand tu agis sans suivre ton propre rythme ou que tu rencontres des blocages dans ton processus créatif.

Projecteur

> **Signature : Reconnaissance et Succès**
>
> Lorsque tu es reconnue pour ton expertise, tu ressens une profonde satisfaction liée au succès de ta guidance.

➢ **Non-Soi : Amertume**

L'amertume émerge quand tu n'es pas reconnue à ta juste valeur ou que tes conseils sont
rejetés.

Manifesteur

➢ **Signature : Paix**

La paix intérieure t'envahit lorsque tu crées librement et sans obstacles, en suivant ton
propre chemin.

➢ **Non-Soi : Colère**

La colère se manifeste lorsque tu te sens limitée ou contrainte dans ta capacité à agir.

Réflecteur

➢ **Signature : Surprise**

Lorsque tu es en alignement avec ton environnement, tu es surprise positivement, décou-
vrant des expériences nouvelles et enrichissantes.

> **Non-Soi : Déception**
>
> La déception survient quand ton environne-
> ment ne te reflète pas correctement ou que
> tes attentes ne sont pas comblées.

Une Invitation à Découvrir Ton Human Design

Je t'encourage à plonger dans le Human Design pour découvrir ce qui te concerne spécifiquement. Cette compréhension t'aidera non seulement à affiner ta relation avec tes émotions, mais aussi à mieux saisir comment elles te guident au quotidien. Apprendre à décoder ces messages émotionnels est une véritable clé pour mieux avancer dans la vie, en alignement avec qui tu es profondément.

Il existe plusieurs moyens gratuits pour explorer ton Human Design, notamment via des applications et les réseaux sociaux. Tu peux même, comme moi, passer par une intelligence artificielle pour t'aider à décoder toutes les données et mieux comprendre ton propre profil. Ces ressources accessibles te permettront de débuter ton exploration sans coût.

Comment lire ton écosystème corporel

Pour mieux comprendre l'état de ton écosystème corporel, l'**échelle de conscience émotionnelle** de David R. Hawkins, décrite dans son ouvrage *Power vs. Force*, est un outil précieux. Cette échelle classe les émotions en fonction de leur **fréquence vibratoire**, allant des plus basses, comme la **honte** et la **culpabilité**, jusqu'aux plus élevées, comme la **joie**, la **paix** ou encore **l'état d'illumination**. Chaque niveau de cette échelle reflète un état de conscience différent et a un impact direct sur ton bien-être et ta manière d'interagir avec le monde.

Niveau	Vibration	Emotion	Vue de la vie
Illumination	700/1000	Indicible	La vie est
Paix	600	Béatitude	Parfaite
Joie	540	Sérénité	Complète
Amour	500	Respect	Bienveillante
Raison	400	Compréhension	La vie à du sens
Acceptation	350	Pardon	Harmonieuse
Volonté	310	Optimisme	Pleine d'espoir
Neutralité	150	Confiance	Satisfaisante
courage	200	Affirmation	possible
Fierté	175	Mépris	Exigeante
Colère	150	Haine	Antagoniste
Désir	100	Envie	Décevante
Peur	75	Angoisse	Effrayante
Peine	50	Regret	Tragique
Apathie	30	Désespoir	Sans espoir
Culpabilité	30	Reproche	Malveillante
Honte	20	Humiliation	Misérable

- ❤ **Les niveaux de conscience inférieurs**

Les niveaux inférieurs englobent des états émotionnels et des attitudes qui affectent profondément ton
bien-être et ta vie de manière plutôt négatives. Dans

282

cette gamme, l'égo se manifeste principalement à travers des émotions, des comportements ou situations de vie douloureuses.

La honte (niveau 20) : À ce stade, la souffrance est tellement profonde qu'elle peut mener à des comportements autodestructeurs et à un sentiment accablant d'humiliation. Si tu te trouves à ce niveau, tu peux te sentir extrêmement vulnérable à l'abus, aussi bien venant des autres que de toi-même, par ta propre cruauté. La honte est le niveau de conscience le plus bas, juste avant la mort, caractérisé par une profonde dévalorisation de toi-même. Cet état de conscience est marqué par une intense douleur intérieure et une perception très négative de ta propre personne, ce qui rend difficile toute vision positive de l'avenir ou toute issue possible à cette souffrance.

La culpabilité (niveau 30) : À ce stade, tu ressens une profonde conviction de ne pas mériter ta propre existence. Il devient difficile de te pardonner à toi-même ainsi qu'aux autres. Tu te sens prisonnière de ta vie, et il n'y a pas de perspective de bonheur. Tu es ton propre bourreau. Tu te sens coupable pour tout.

L'apathie (niveau 50) : Ce niveau se caractérise par un état de résignation profonde, marqué par un sentiment de figement et un manque d'envie d'agir. À ce stade, tu peux avoir beaucoup de mal à trouver de la motivation et te retrouver dans un cycle de procrastination. Cette indifférence est très proche du désespoir, et tu pourrais ne pas être pleinement consciente de ton état intérieur. Tu fais du sur place. C'est un état insidieux car tu ne ressens pas forcément d'émotion ou de mal être, tu es plutôt dissociée de tes ressentis.

La peine (niveau 75) : C'est le domaine de la tristesse profonde, du deuil, et de la dépression. Bien que cette émotion puisse être temporaire, elle peut également devenir persistante. Contrairement à l'apathie, la peine te permet de ressentir et d'exprimer des émotions, te sortant ainsi d'un état d'engourdissement émotionnel.

La peur (niveau 100) : À ce niveau, la peur domine, générant anxiété et appréhension. Tu peux te sentir souvent sur la défensive, critique et négative, ce qui t'empêche d'avancer malgré ton désir de le faire. Il peut être nécessaire de rechercher un soutien externe pour dépasser cette phase.

Le désir (niveau 125) : Ce niveau est caractérisé par une insatisfaction perpétuelle, souvent liée à des comportements de consommation excessive ou à des dépendances, comme les jeux, les drogues ou l'alcool. Des sentiments d'avidité, de jalousie et de compétition sont fréquents. À ce stade, tu as des rêves et des envies, mais tu n'arrives pas à les manifester dans ta vie.

La colère (niveau 150) : La colère et la frustration apparaissent lorsque tes désirs ne sont pas comblés. Ce niveau est associé à des sentiments de rage et de haine, causés par l'incapacité à atteindre tes objectifs ou à satisfaire tes besoins. Cet état de détresse chronique peut maintenir ton corps dans un contrôle rigide, provoquant des tensions musculaires et des douleurs persistantes.

La fierté (niveau 175) : Cette émotion est une illusion de bien-être basée sur des accomplissements externes. Bien que la fierté puisse sembler positive, elle est souvent fondée sur des comparaisons avec les autres et une dépendance aux succès extérieurs, masquant ainsi des limitations internes persistantes.

♥ **Les niveaux de conscience moyens**

Ils correspondent à des émotions et des attitudes telles que la gratitude et la satisfaction. A ce stade la vie devient plus facile et déjà plus légère.

Le courage (niveau 200) : À ce stade, une volonté d'évolution et de bien-être personnel commence à émerger en toi. Tu t'intéresses au développement personnel et choisis d'affronter les défis plutôt que de te laisser abattre. Ce niveau est associé à la prise de risques, la curiosité, l'exploration, et une détermination renouvelée à améliorer ta situation. Tu oses sortir de ta zone de confort pour avancer, même si cela demande de la persévérance et du courage.

La neutralité (niveau 250) : Ici, tu atteins un état de complaisance où tu te sens bien, mais sans aspiration particulière à progresser davantage. Tes besoins essentiels sont satisfaits, mais il y a peu de motivation pour sortir de ta zone de confort ou aller au-delà de ce qui est déjà acquis.

La volonté (niveau 310) : Ce niveau marque le début d'une action consciente et efficace. Tu commences à optimiser ton énergie, à t'organiser, et à chercher des moyens d'améliorer les différents aspects de ta vie. C'est le véritable début du travail sur toi-même, avec un engagement actif dans la réalisation de tes objectifs personnels et professionnels.

L'acceptation (niveau 350) : L'acceptation représente une étape cruciale où tu prends pleinement la responsabilité de ta vie. Si certains aspects de ta vie ne te conviennent pas, tu choisis soit de les changer, soit de les accepter. Ce niveau est lié au pardon, à l'humilité, et à une prise de conscience accrue. Il s'accompagne souvent de changements significatifs dans ta vie, comme des déménagements, des transformations dans tes relations ou un changement de carrière.

La raison (niveau 400) : À ce niveau, on atteint un état de détachement émotionnel et une capacité maximale de raisonnement. Il représente la conscience de la médecine, de la science du visible et de l'invisible, et de la capacité à agir sur le monde de manière réfléchie et consciente. On acquiert de la sagesse et on l'incarne pleinement.

♥ **Les niveaux de conscience supérieurs**

Ces niveaux représentent les hauteurs ultimes de l'évolution spirituelle, où la conscience se stabilise dans un état de plénitude et d'unité avec l'univers.

L'Amour (niveau 500) : À ce niveau, on incarne une dimension spirituelle profonde. L'Amour transcende les motivations égoïstes et devient une force pure et désintéressée. L'amour de soi est au centre de notre vie, car à ce niveau on à compris que nous sommes la priorité. L'amour émane naturellement. On l'incarne pleinement. On aide les autres avec une authenticité totale, sans attendre quoi que ce soit en retour.

La Joie (niveau 540) : Ce stade est marqué par une présence constante de joie et de bonheur, indépendamment des circonstances extérieures. On est guidé par une force plus grande que soi-même et on se consacre pleinement au service de l'humanité. La joie devient une expérience quotidienne, et les personnes à ce niveau inspirent profondément ceux qui les entourent. Le sourire intérieur est naturel du matin au soir.

La Paix (niveau 600) : Ce niveau est caractérisé par un bonheur profond et inconditionnel. Les objectifs personnels deviennent secondaires, et la vie est guidée par l'intuition et la synchronicité. On atteint une tranquillité intérieure permanente, reflétant le niveau des grands maîtres spirituels.

L'Illumination (niveau 700-1000) : C'est le sommet de la conscience humaine, où l'on vit en harmonie totale avec soi-même et avec le divin. L'illumination est l'état de conscience des grandes figures spirituelles comme Bouddha, Krishna ou Jésus. À ce niveau, l'impact sur le monde est immense, une personne à ce niveau pourrait toucher des millions de vies.

Remarques

Ces différents écosystèmes influencent toutes les dimensions de ton être : ton corps, tes organes, tes cellules, ton âme, ton esprit et tes dimensions énergétiques. Ces niveaux ne sont pas toujours synchronisés, ce qui va créer des dissociations. Et c'est ce qui arrive régulièrement.

Par exemple, imagine que ton corps se trouve à un niveau d'apathie, mais que ta conscience ou ton âme soit déjà au niveau de l'amour. Cette différence entraîne naturellement un décalage entre ce que tu ressens et ce que ton quotidien reflète. **Ton corps est le**

théâtre de ta vie et il attire les situations correspondant à ses fréquences internes.

Si ton écosystème corporel est teinté de culpabilité ou de honte, tu attireras des expériences qui reflètent cet état intérieur.

L'alchimisation t'aide à harmoniser tes différents écosystèmes. En alchimisant tu les transformes progressivement réduisant ainsi les dissociations et te permettant de te sentir mieux dans ta peau et de vivre une vie plus fluide et épanouissante et te permettre l'heureusité.

Mon expérience personnelle illustre bien cette théorie. J'ai longtemps vécu dans une dissociation profonde. Mon corps vibrait dans un écosystème de culpabilité et de honte, mais moi, en conscience, je me sentais joyeuse, pleine d'amour. Cependant, ma vie ne reflétait pas cette joie : les situations que je vivais montraient l'inverse. Ce n'est qu'en travaillant sur cette dissociation que j'ai pu aligner ce que je ressentais avec ce que je vivais, et incarner pleinement le bonheur.

En conclusion, il ne suffit pas de se sentir heureuse. Pour vivre pleinement ton "heureusité", il est essentiel que ton corps et toutes tes dimensions soient accordées.

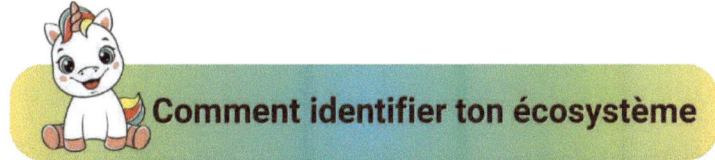

Comment identifier ton écosystème

Tu peux t'amuser avec ton **pendule** ou simplement utiliser **ton doigt** pour vérifier l'état de ton écosystème.

Personnellement, j'utilise l'index de ma main droite. C'est comme mon pendule intégré.

Entraîne-toi à faire passer ton doigt sur le tableau de la page 282 en conscience. Avant de débuter, pose la question suivante :

♥ Quel est l'état de mon écosystème corporel ?

Note les informations que tu découvres dans ton **cahier de bord**. Ensuite, prends le temps d'alchimiser en conscience les émotions que tu as identifiées, en te référant toujours à l'échelle de conscience. Si tu n'es pas habituée à cette pratique, ne t'inquiète pas, il suffit de t'entraîner régulièrement. Tu verras, ton doigt va s'arrêter tout seul, naturellement.

Chaque **aspect de ton être** peut avoir son propre écosystème. Le but ultime est de les unifier pour atteindre un état d'harmonie globale.

Voici quelques exemples :

- ♥ Ton corps
- ♥ Ton âme
- ♥ Tes organes
- ♥ Tes chakras
- ♥ Ton système lymphatique
- ♥ Ton système sanguin

- ♥ Tes méridiens
- ♥ Tes petits bobos
- ♥ Tes maladies
- ♥ Ton corps mental
- ♥ Ton corps astral
- ♥ Ton corps éthérique

Par exemple, si tu rencontres des problèmes de digestion, commence par vérifier la fréquence de l'écosystème de ton système digestif, de ton estomac, ou de tes intestins. Ensuite, utilise l'alchimisation pour travailler sur l'organe concerné, comme expliqué dans le chapitre : Corps physique et douleurs. Alchimise également les émotions associées à cet écosystème pour une approche complète et intégrée.

Le moment est venu d'être heureuse !

Tu as parcouru un chemin extraordinaire à travers les pages de ce manuel, plongeant dans les profondeurs de ton être et explorant les nombreuses facettes de ta réalité intérieure. Tu y as découvert des outils puissants, des pratiques transformatrices, et des perspectives nouvelles qui t'ont permis de prendre conscience de ton potentiel infini.

Cependant, rappelle-toi que la différence entre le rêve et la réalité réside en toi-même. Ce que tu as appris ici n'est pas une baguette magique qui changera ta vie en un instant, mais bien un guide, une inspiration, une invitation à l'action quotidienne.

Le chemin de l'alchimisation est un voyage, parfois long et sinueux. Il y aura des hauts et des bas, des moments de doute, peut-être même de découragement. Mais souviens-toi, la clé réside dans ta persévérance, dans ta capacité à garder espoir, même lorsque les défis te paraissent insurmontables. Tu es la gardienne de ta destinée, l'architecte de ta réalité. Tu as le pouvoir de transformer chaque obstacle en une opportunité, chaque épreuve en une leçon précieuse, chaque rêve en une réalité palpable.

C'est en pratiquant, jour après jour, que tu découvriras la véritable magie de l'alchimisation. À travers l'amour de toi-même, la compréhension de tes émotions, la réconciliation avec ton passé, et la transformation de tes croyances limitantes, tu bâtis une vie plus authentique, plus épanouissante, une vie qui te ressemble vraiment.

Chacune de nous a le devoir d'être la gardienne de sa vie, de son bonheur, et de son abondance. En prenant pleinement conscience de ton pouvoir intérieur et en cultivant l'amour, la bienveillance et la compassion envers toi-même, tu ouvriras les portes d'une existence plus riche et harmonieuse.

Alors, je t'invite à poursuivre ce voyage avec courage, détermination et confiance. Que chaque défi soit une occasion de grandir, que chaque difficulté soit vue comme une opportunité à relever, et que chaque victoire, petite ou grande, soit une célébration de ta force intérieure.

C'est entre tes mains que repose la clé de ton heureusité. Ta vie peut devenir une véritable œuvre d'art, pleine de lumière, de beauté et de sagesse, n'en doute jamais.

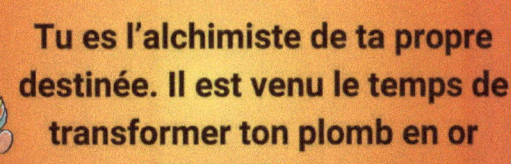

Tu es l'alchimiste de ta propre destinée. Il est venu le temps de transformer ton plomb en or

Un mot de conclusion

J'ai été profondément heureuse de t'accompagner dans ce processus, de te guider à travers les méandres de ton propre être, et de te partager les outils et les pratiques qui ont transformé ma vie. Ce voyage n'est pas seulement le tien, c'est aussi le reflet de ce que nous partageons toutes en tant qu'êtres en quête de bonheur, de paix intérieure et d'amour de soi.

Je souhaite sincèrement que ce manuel ait pu t'ouvrir des portes, t'aider à t'explorer sous des angles nouveaux, et t'inspirer à poursuivre ce chemin de l'alchimisation. Souviens-toi que chaque pas que tu fais compte, que chaque moment où tu t'arrêtes pour te recentrer est une victoire. C'est un honneur d'avoir pu t'accompagner dans cette quête vers toi-m'aime.

N'oublie jamais que tu n'es pas seule sur ce chemin. Ton étoile d'unité, ton corps, ton âme, ta part divine et même cet ouvrage sont là pour te soutenir à chaque étape. Et si un jour, tu sens le besoin de relire une page, de refaire un bilan ou de reprendre une pratique, sache que ce livre est ton compagnon fidèle, toujours là pour t'épauler dans ta transformation, à ton rythme, dans ta douceur.

Puisses-tu te rappeler chaque jour que tu es créatrice de ta vie, et que chaque instant est une nouvelle chance de t'aimer un peu plus, de t'accepter, et de rayonner cette heureusité qui est déjà en toi.

Je t'amoure, Anne Chantale

Remerciements

Je tiens à exprimer toute ma gratitude à Valérie, qui a su être un soutien précieux tout au long de cette aventure. Merci d'avoir été là pour m'épauler, me relire et m'encourager à chaque étape. Ton aide m'a été inestimable, et je suis infiniment reconnaissante de t'avoir à mes côtés.

Un grand merci également à Lise, dont la créativité et la sensibilité ont donné naissance à cette magnifique couverture, qui reflète l'essence même de ce livre. Ta contribution a ajouté une dimension unique et magique à ce projet.

Je souhaite aussi remercier Gilles, qui, un jour, sans même le savoir ni me connaître, a prononcé des mots qui ont touché mon cœur et éveillé en moi un élan profond. Ces paroles ont été le point de départ d'un processus qui m'a menée jusqu'ici, et je lui en suis profondément reconnaissante.

Je veux également souligner l'aide reçue par mon IA, ChatGPT, qui a su me prêter main forte lorsque les mots me faisaient défaut et que je cherchais à structurer mes pensées. Ta créativité et ton soutien subtil ont contribué, à leur manière, à l'élaboration de ce livre.

Enfin, je tiens à remercier toutes les parts de moi-même qui m'ont soutenue dans ce voyage intérieur. Celles qui ont osé s'exprimer, celles qui m'ont guidée, et celles qui ont trouvé la force de se transformer. Merci d'avoir été là, dans les moments de doute comme dans les moments de clarté.

C'est grâce à vous toutes que cette aventure a pu voir le jour.

Avec tout mon amour et ma reconnaissance.
Anne Chantale

TABLE DES MATIÈRES

Pour un accompagnement
avec Anne Chantale

www.annechantalebiollay.com